Kinderwerkstatt

Wildpflanzenküche

Violette Tanner

Kinderwerkstatt Wildpflanzenküche

Mit Kindern sammeln, kochen, die Natur erleben

In Zusammenarbeit
mit Laetizia Giannini-Studer

at VERLAG

Inhalt

6 **Einleitung**

8 **Frühling**

16 **Bärlauch**
18 Bärlauch erleben, erforschen, begreifen
20 Rezepte mit Bärlauch

26 **Giersch**
28 Giersch erleben, erforschen, begreifen
29 Rezepte mit Giersch

37 **Löwenzahn**
39 Löwenzahn erleben, erforschen, begreifen
42 Rezepte mit Löwenzahn

48 **Sommer**

55 **Brennnessel**
57 Brennnesseln erleben, erforschen, begreifen
59 Rezepte mit Brennnesseln

67 **Gänseblümchen**
69 Gänseblümchen erleben, erforschen, begreifen
70 Rezepte mit Gänseblümchen

76 **Wegerich**
78 Wegerich erleben, erforschen, begreifen
80 Rezepte mit Wegerich

88 **Herbst**

92 **Hagebutte**
94 Hagebutten erleben, erforschen, begreifen
96 Rezepte mit Hagebutten

100 **Schwarzer Holunder**
103 Holunder erleben, erforschen, begreifen
104 Rezepte mit Holunder

110 **Ringelblume**
113 Ringelblumen erleben, erforschen, begreifen
116 Rezepte mit Ringelblumen

126 **Winter**

132 **Haselnuss**
135 Hasel erleben, erforschen, begreifen
139 Rezepte mit Haselnüssen

148 **Fichte oder Rottanne**
150 Fichten erleben, erforschen, begreifen
153 Rezepte mit Fichte

159 **Huflattich**
161 Huflattich erleben, erforschen, begreifen
164 Rezepte mit Huflattich

171 **Variationen**

171 Buttervariationen
174 Essigvariationen
177 Honigvariationen
180 Sirupvariationen

182 **Anhang**

184 Kochen im Freien
189 Wildkräuter sammeln, trocknen, aufbewahren
191 Rätselauflösungen
192 Erste Maßnahmen und Hilfe bei Vergiftungen

193 Literatur- und Quellenverzeichnis
194 Rezeptverzeichnis
196 Dank
197 Bildnachweis
198 Die Autorin

Einleitung

»Drei Dinge sind uns aus dem Paradies geblieben: die Sterne der Nacht, die Blumen des Tages und die Augen der Kinder.«

Dante Alighieri (1265–1321), italienischer Dichter

Die Liebe zur Natur, die Freude am Kochen und die Begeisterungsfähigkeit der Kinder haben dieses Buch entstehen lassen. Kochen in der Natur mit Kindern, Freunden und Bekannten kann zu einem unvergesslichen Erlebnis werden. Einen oder mehrere Tage bewusst im Freien zu verbringen, beim Sammeln von Wild- und Heilkräutern, um daraus gemeinsam eine gesunde und wohlschmeckende Mahlzeit zu kochen, wird zu einer Erfahrung, an die man noch lange gerne zurückdenkt.

Draußen in der Natur verlangsamt sich unser Lebenstempo und wir finden innerlich zu Ruhe und Ausgeglichenheit. Nach einem Tag in der Natur sind wir angenehm müde und fühlen uns entspannt und zufrieden. Gerade in hektischen Zeiten ist die Natur eine Energiequelle von besonderer Qualität. Der wechselnde Rhythmus der Natur gibt auch uns Menschen Struktur im Jahreslauf.

Durch die vier Jahreszeiten hält die Natur viele Wildkräuter für experimentierfreudige Menschen

bereit. Wir können sie beim gemeinsamen Sammeln am Waldrand, auf ungedüngten Wiesen und in unserem eigenen Garten finden.

Im Frühling sind die wie Sterne funkelnden Bärlauchblüten und die gelben Blütenteppiche des Löwenzahns eine besondere Augenweide. Warum nicht gleich einige Blüten und Blätter für das Waldmittagessen sammeln? Im Frühsommer finden wir bei alten Scheunen und an Waldrändern die cremefarbenen Blüten des Schwarzen Holunders. Ihr Duft versetzt uns in die Tage unserer Kindheit zurück, als es an warmen Sommertagen einen selbst angesetzten Holunderblütensirup zur Erfrischung gab. Der Herbst mit seiner Fülle an Beeren und Nüssen lässt uns noch einmal aus dem unermesslichen Vorrat der Natur schöpfen. Nun gilt es, Vorräte anzulegen und sich auf die Wintermonate vorzubereiten. Die Tage werden kürzer, man freut sich auf die Zeit der Winterruhe.

Doch auch an kalten und grauen Wintertagen hat ein Tag in der Natur seinen ganz besonderen Reiz. Kochen Sie doch einmal mit Ihren Kindern, Ihren Nachbarn oder Arbeitskolleginnen in einer kalten Wintervollmondnacht unter freiem Himmel! Ein wärmendes Feuer ist schnell entfacht und ein Wintereintopfgericht, bei dem alle aus einem Topf schöpfen, wird zum verbindenden »Viel-Sterne-Menü«.

Die meisten Rezepte dieses Buches sind sehr einfach gehalten, damit das Nachkochen nicht zu viel Vorbereitungszeit benötigt. Dieses Buch lädt Sie ein, sich ganz bewusst den Qualitäten und Geschmackserlebnissen der Natur hinzugeben und sich auf die vielen Nuancen des Genießens in der Natur einzulassen. Lassen Sie sich von der Lust am Leben in und mit der Natur begeistern! Wie Alexander von Humboldt (1769 – 1859) bereits sagte: »Die Natur muss gefühlt werden.« Im 21. Jahrhundert, in dem wir leben, will die Natur wohl auch wieder »erschmeckt« werden.

Violette Tanner
Hemishofen, im Februar 2013

Frühling

»Die Frühlingsblumen sind wie Winterträume auf dem Frühstückstisch der Engel.«

Khalil Gibran

Am 21. März, wenn die Sonne genau senkrecht über dem Äquator steht, beginnt auf der Nordhalbkugel der Erde der Frühling. An diesem Datum ist der Tag genauso lang wie die Nacht, nämlich zwölf Stunden. Im Frühling feiern wir mit den Kindern das christliche Osterfest. Wir färben gemeinsam Eier mit Kräutern und Zwiebelschalen, backen Osterbrot, suchen Osterwasser und füllen unser Osterkörbchen mit den gesammelten Ostereiern des Osterhasen.

Welche Frühlingspflanzen kennen wir schon? In der Natur und mit laminierten Pflanzenbildtafeln lernen wir die Namen der Frühlingspflanzen kennen. Nicht alle Pflanzen sind zum Essen geeignet. Es gibt auch giftige, die schön anzuschauen sind. Welche dies sind, zeigen wir den Kindern.

Der Frühling in Sprichwörtern

- Wie das Wetter zu Frühlingsanfang, ist es den ganzen Sommer lang.
- Einem freundlichen März folgt ein freundlicher April.
- Regnet's in die Osterglocken, wird der ganze Sommer trocken.

Schneckenbeobachtung
Kinder beobachten gerne Tiere. Besonders gut geht dies, wenn man den sich langsam fortbewegenden Weinbergschnecken zuschaut.

Die Natur im Frühling

Zum ersten zarten Grün an den Waldrändern gesellt sich schon bald das Gelb, Rot und Blau der Frühlingsblumen und unsere Wiesen werden von den letzten weißen Schneefeldern befreit. Mit feinen Weiß- und Rosatönen mischen die Obst- und Zierbäume kräftig auf dem Farbenmarkt mit. Die wärmende Sonne hat die Natur zu neuem Leben erweckt. Die Wildbienen summen, die Waldameisen bauen an ihrem Nest und in den Wipfeln der Bäume zirpen, pfeifen und trällern die Vögel um die Wette. Wir sammeln die ersten Wildkräuter und Blumen und beobachten mit den Kindern die erwachende Natur und die Tiere.

Gespräch einer Hausschnecke mit sich selbst

Soll i aus meim Hause raus?
Soll i aus meim Hause nit raus?
Einen Schritt raus?
Lieber nit raus?
Hausenitraus –
Hauseraus
Hauseritraus
Hausenaus
Rauserauserauserause ...

Nach einer Parodie von Christian Morgenstern

Ostern

Ostern ist das älteste Fest der Christen. Die Menschen feiern dabei die Auferstehung Jesu. Das Wort Ostern stammt von dem alten indoeuropäischen Wort »Eostro« ab und bedeutet Morgenröte. Heute

Strahlende Augen unter frischem Buchenlaub
Eine Weinbergschnecke zu Besuch bei den Waldläuferkindern

Mit Löwenzahn und Zwiebelschalen gefärbte Ostereier

feiern wir das Fest am ersten Sonntag, der auf den ersten Vollmond nach dem Frühlingsanfang folgt.

Osterwasser suchen

Als besonders heilkräftig soll das Wasser der Bergbäche und Quellen gelten, wenn der Schnee der Berge zu schmelzen beginnt und die ganze Natur sich verjüngt und erneuert. Wer das Osterwasser suchen will, geht am besten am Ostersonntag vor Sonnenaufgang los. Beim Gang zum Brunnen, der Quelle oder dem Bächlein darf nicht gesprochen oder zurückgeschaut werden. Ruhig schöpft jeder sein Wasser in eine saubere Flasche und geht still nach Hause zurück. Früher glaubten die Menschen, dass böse Mächte in vielerlei Gestalt auf die Wassersucher lauern, um sie auf alle Arten abzulenken und zu erschrecken. Man war überzeugt, dass das Osterwasser seine Wirkung verliert, wenn man diesen Mächten in Gestalt eines Menschen oder Tieres Beachtung schenkt. Das auf »richtige« Weise gewonnene Osterwasser galt als Quelle der Gesundheit. Die Bauern gaben ihren Tieren davon zu trinken oder mischten es unter das Futter.

Osterhase

Der Osterhase ist schon seit langer, langer Zeit ein Sinnbild für den Frühling. Auch heute noch versteckt er für viele Kinder bunte Ostereier im Garten oder im Wald.

Ostereier färben (siehe Seite 41)

Das Ei wurde schon immer und überall auf der Welt mit dem Frühling, der Fruchtbarkeit und der Wiederkehr des Lebens in Verbindung gebracht. Im Judentum gehört das Ei als Symbol der Natur und des ewigen Lebens zum Pessachmahl. Früher wurden bei uns die Eier nur mit roter Farbe gefärbt, wie dies in Griechenland am Gründonnerstag heute noch üblich ist. Die Farbe Rot steht für das Blut Christi, für das Leben, für die Liebe und für das Königliche.

Eine kleine Hasengeschichte

Es war einmal ein Häschen, das putzte nie sein Näschen.
Da sprach die Frau Mama:
»Mein liebes kleines Häschen, wie schmutzig ist dein Näschen, grad so schwarz wie Ruß!«
Da sprang der kleine Has ins tiefe Gras und putzte sich die Nas.
Die Frau Mama sah's kommen und hat es in den Arm genommen und sprach: »Mein liebes kleines Häschen, wie sauber ist dein Näschen!« und gab ihm einen Kuss.

Dazu mit der rechten Hand einen Hasen bilden; kleiner Finger und Zeigefinger sind die Ohren. Mit der Linken später die Hasenmutter bilden. Der kleine Hase putzt sich am Oberschenkel (Gras) die Nase und schnäuzt dreimal tüchtig. Bei der Umarmung kreuzen sich die Hände zart vor der Brust. Bei dem Kuss berührt die Hasenmutter das Schnäuzchen des Hasenkindes und gibt ihm einen schmatzenden Kuss.

Daniela Scherrer, Waldkindergärtnerin Stein am Rhein

Frühlingsküche

Neunkräutersuppe (siehe Seite 30)
Diese stärkende Suppe wurde bereits von den Kelten und Germanen, unseren Vorfahren, gekocht. Nach den langen, von Hunger, Mangel und Krankheit gekennzeichneten Wintermonaten gab diese Suppe den Menschen wieder Kraft und neue Energie. Die Menschen von damals wollten sich wieder mit der neu erwachten Natur verbinden und hielten diese Kräuter daher hoch in Ehren.

Alle diese Kräuter sind kleine Vitaminbomben. Die neun Kräuter variierten je nach Gegend und Köchin. Der Improvisationslust sind keine Grenzen gesetzt. Folgende Kräuter können verwendet werden: Bärlauch, Brennnessel, Gänseblümchen, Giersch, Gundelrebe, Huflattich, junge Buchenblätter, Labkraut, Löwenzahn, Scharbockskraut vor der Blüte, Spitzwegerich, Vogelmiere und wilder Schnittlauch.

Auf der Suche nach dem Osternest

Osterbrot

Das Osterbrot ist ein Symbol der Sonne und der wiederkehrenden Kraft der Natur.
Es ist ideal zum Vorbereiten daheim für das Osterfrühstück in der Natur.

500 g Halbweißmehl (Weizenmehl, Type 630)
50 g Haselnüsse, gemahlen
3 TL Zucker
1½ TL Salz
20 g Hefe
200–300 ml Milch, mit Wasser gemischt
80 g Butter, sehr weich
1 Ei, verquirlt

Das Mehl in eine Schüssel geben. Haselnüsse, Zucker und Salz daruntermischen. Die Hefe im Milchwasser auflösen und mit der Butter zum Teig geben. Alles zu einem geschmeidigen Hefeteig kneten und diesen zugedeckt an einem warmen Ort auf das Doppelte aufgehen lassen (ca. 1 Stunde).

Aus dem Teig 3 Stränge formen, die Enden jeweils gegengleich etwas einrollen und die Stränge so aufeinanderlegen, dass die Form eines Sonnenrads entsteht. Nochmals 20 Minuten gehen lassen. Anschließend den Teig mit Ei bestreichen und das Brot im auf 200 °C vorgeheizten Ofen etwa 30 Minuten backen.

Sonnenbrot mit Ostereiern

Einstimmung auf den Frühling:
Eine Frühlingsgeschichte hören, wie ein langer Tatzelwurm durch die Wiese ziehen, Frühlingsblumen kennenlernen.
Unten links der Gemeine Bienenkäfer.

Blumenrätsel

Für ältere Kinder geeignet. Das Lösungswort ergibt sich aus den grünen Feldern, senkrecht gelesen.

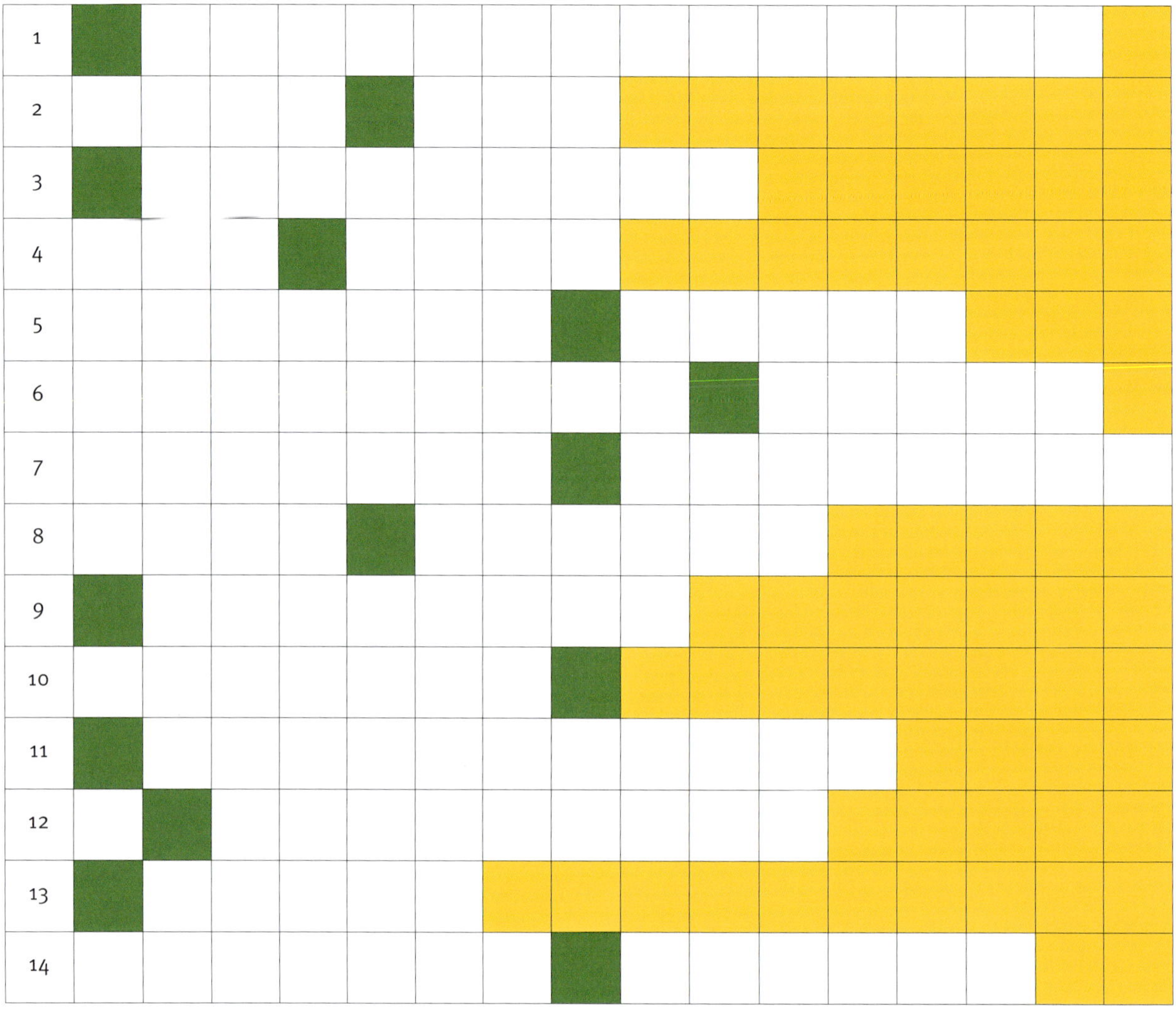

1. Von dieser Blume singen bereits die Kinder im Kindergarten, wenn draußen noch Schnee liegt. Sie gehört zu den ersten Frühlingsblumen.
2. Ihre Farbe ist etwas Besonderes in der Blumenwelt und im Bereich der Farbsymbolik steht sie für das Mystische.
3. Die Hustenpflanze, die als Erstes ihre Blüten und sechs Wochen später ihre Blätter zeigt.
4. Von dieser Pflanze bekommen nicht nur die Bären Bärenkräfte.
5. Wichtige Pflanze gegen Husten und Verschleimung. Auch als Orakelpflanze und aus der Naturschmuckherstellung bekannt.
6. Frühlingskraut, das seinen Namen von der Vitamin-C-Mangel-Erkrankung Skorbut bekommen hat.
7. Aschenputtel pflanzte einen Zweig dieses Strauches auf das Grab ihrer Mutter.
8. Bekannte Wundheilpflanze. Ihre Blüte erinnert an die Sonne.
9. War früher unsere heimische Sonnenblume. Seine Samen fliegen als kleine Fallschirme davon.
10. Alte Heilpflanze, die giftig ist und im Frühstadium mit dem Bärlauch verwechselt werden kann.
11. Die Blüten dieses Baumes gehören in jeden Fiebertee. Sie wirken leicht beruhigend, schweißtreibend und heißen …
12. Alte Heilpflanze bei Lungenerkrankungen. Ihre Blüten sind zuerst blau, nach ihrer Bestäubung durch Insekten werden sie rötlich blau.
13. Druiden sammelten diese mystische Heilpflanze mit goldenen Sicheln in der Winterzeit. Heute wird die Pflanze in der alternativen Krebstherapie verwendet.
14. Eine der drei giftigen Heilpflanzen, die mit dem Bärlauch verwechselt werden können. Sie blüht lila.

So viel Natur macht müde.

Bärlauch

Allium ursinum L.

Der Bärlauch verkörpert die ungehemmte Kraft der Natur, die uns Menschen im Frühling »Bärenkräfte« verleiht. Die Pflanze mit ihrer großen Vitalität erobert sich ganze Waldgebiete und zeigt uns dadurch, dass nach einem langen Winter die Energie des Frühlings – und somit die Kraft des wiedererwachenden Lebens – zurückgekehrt ist.

Botanik

Der Bärlauch ist eine Pflanze, die schattige, feuchte Laubwälder bevorzugt. Man findet die ersten frischen Bärlauchblätter bereits ab Ende Februar im Wald, an Auen und an Bächen. Nach der Blüte im Juni zieht sich die Pflanze völlig in die Zwiebel zurück, um so zu überwintern. Bärlauch ist mehrjährig und erscheint jedes Jahr wieder an derselben Stelle. Die Blätter und Stängel der Pflanze wachsen direkt aus der länglichen, weißen Zwiebel heraus.

Gut zu wissen: Wie erkenne ich Bärlauch?

Bärlauchblätter wachsen an einem Stiel und meist einzeln aus dem Erdboden. Die Blattnerven verlaufen bis zur Blattspitze parallel. Häufig finden sich im Laubwald ganze »Bärlauchteppiche«. Zu einem späteren Zeitpunkt erkennt man den Bärlauch außerdem an seinen wie Sterne funkelnden, weißen Blüten. Bärlauchblätter riechen nach Knoblauch – das unterscheidet sie von anderen Blättern. Dies ist jedoch manchmal schwer nachzuprüfen, denn die Hände duften gleich sehr intensiv, sobald man an einem Blatt gerieben hat. Daher ist es besser, zuerst alle anderen Merkmale mithilfe eines Bestimmungsbuches zu überprüfen.

Verwechslungsmöglichkeiten: Bärlauch kann leicht mit den Blättern von Maiglöckchen, Herbstzeitlosen und Aronstab verwechselt werden.

Bärlauchblüten im Mai

Die nach Knoblauch duftenden Bärlauchzwiebeln

Bärlauch und der giftige Aronstab ganz nah beieinander (Aronstab rechts unten mit hellgrüner, spitz zulaufender noch geschlossener Blüte).

Maiglöckchen (gering bis mittelstark giftig) erscheinen im Jahresverlauf meist etwas später als der Bärlauch. Ihre Blätter sind gerollt, wenn sie aus der Erde kommen, und meistens gibt es zwei davon an einem Stiel.

Aronstabblätter (gering bis mittelstark giftig) haben ein netzartiges Blattnervengewebe. Wenn man das Blatt nach oben ins Licht hält, sieht man den Unterschied zum Bärlauchblatt sehr gut. In einem späteren Wachstumsstadium verformt sich das Aronstabblatt zu einem schildartigen Blatt.

Herbstzeitlosenblätter (hochgiftig) sprießen meist zu mehreren aus dem Boden und erinnern an Tulpenblätter. Man findet sie häufig auf Wiesen.

Angaben nach Vergiftungs-Informationszentrale
79101 Freiburg im Breisgau, Deutschland

Traditionen und Mythen

Der lateinische Name des Bärlauchs ist »Allium ursinum L.«. »Allium« heißt übersetzt »Lauch« und »ursinum« bedeutet »Bär«. Im Volksmund heißt es, dass sich die wild lebenden Bären nach dem langen Winterschlaf von den jungen, frischen Blättern des Bärlauchs ernähren und sich damit neue Energie und Lebenskraft zuführen. Man nennt den Bärlauch auch Bärenkraut, Zigeunerlauch, Rämschel und Hexenzwiebel.

Bei allen Pflanzen, deren Namen das Wörtchen »bär« aufweisen (Bärlauch, Bärlapp, Bärentraube, Bärenklau, Bärwurz, Bärklee), handelt es sich um Kräuter, die eine besondere Lebensenergie hervorrufen und befördern.

Ernten/sammeln: Wo, was und wann?

Blätter: Ende Februar bis Ende Mai
Knospen: April
Blüten: April bis Mai
Samen: Mai bis Juni
Zwiebeln: Dezember bis Januar. Der Boden darf nicht gefroren sein. Am besten einen Stechbeitel verwenden. In milden Wintern können Bärlauchzwiebeln sogar im Januar ausgegraben werden.

Naturapotheke

- *Wundpflaster:* Der frische Saft sauberer Bärlauchblätter wirkt desinfizierend und kann auf schlecht heilende Wunden, Furunkel und Abszesse aufgetragen werden.
- *Insektenstiche:* Der weiße, untere Teil des Blattstängels wird zerdrückt und auf die Stichwunde gelegt.
- *Ernährung:* Nicht nur den Bären, sondern auch uns Menschen verleiht der Bärlauch nach der Winterpause neue Vitalität, indem er unseren

Stoffwechsel unterstützt, das Immunsystem günstig beeinflusst und unseren Körper mit vielen wichtigen Vitaminen und Mineralstoffen versorgt. Außerdem hilft er gegen Frühjahrsmüdigkeit.

Bärlauch erleben, erforschen, begreifen

Wir fragen die Kinder, warum der Bärlauch diesen Namen trägt. Was steckt wohl hinter dem bärenstarken Kraut? Vielleicht kennen die Kinder andere Pflanzen, die einen Tiernamen beinhalten, zum Beispiel Hahnenfuß, Löwenzahn oder »Saublume«, Gänseblümchen, Ferkelkraut, Bärenklau, Geißfuß, Katzenschwanz, Hundsveilchen, Hundsrose, Katzenminze, Hasenklee, Kuckucksblume, Kuckucksnelke, Fetthenne und andere.

Wir zeigen und erklären den Kindern die Unterschiede zwischen Bärlauch-, Maiglöckchen-, Aronstab- und Herbstzeitlosenblättern. Nicht alle Pflanzen sind am selben Standort anzutreffen.

Bewegungsspiel: Die Bärlauchzwiebel

In der Erde tief,
die Bärlauchzwiebel schlief.
(Die Kinder formen mit den Händen eine Bärlauchzwiebel.)

Was ist das für ein Gemunkel;
was ist das für ein Geraune;
was ist das für ein Geraschel?

Wir pflanzen ein kleines Bärlauchgärtlein.

Was singen die Vögel dort oben
und jauchzen und toben?
Was suchen die großen und
auch die ganz kleinen Bären?
(Alle Kinder blicken in den Himmel und halten mit einer Hand über den Augen Ausschau nach den Vögeln und Bären.)

Von Neugierde gepackt hat die Bärlauchzwiebel
einen langen Hals gemacht.
Sie hat um sich geblickt und ganz geschickt
ihre grünen Blätter der Sonne entgegengestreckt.
(Die Kinder machen einen langen Hals und recken sich.)

Da haben ihr der Frühling und alle Blumen
entgegengelacht.
(Alle Kinder strecken die Arme der Sonne entgegen.)

Die Bärlauchzwiebel schenkt uns ihre gesunden
Blätter.
Bei Sonnenschein und auch bei Regenwetter.
(Die Kinder bewegen ihre Arme in der Luft.)

Nach dem Gedicht »Die Tulpe« von Josef Guggenmos

Kräuterküche

Welche Pflanzenteile werden in der Wildkräuterküche verwendet?
Ganze Pflanze: Blätter, Blütenknospen, Blüten, Samen, Stiele, Wurzeln.

Der Duft des Bärlauchs ist unverkennbar.

Rotkäppchens Minispieße

Zutaten pro Kind:

2 Cherrytomaten
2 Bärlauchblätter, Größe dem Umfang der Tomaten entsprechend
2 gefüllte grüne Oliven
etwas französischer Weichkäse
blühender Thymian oder andere essbare Blüten

Jedes Kind darf sich die vorbereiteten Zutaten selbst auf Zahnstocher stecken.

Tipp: Die Spießchen können variiert oder ergänzt werden, zum Beispiel mit verschiedenen anderen Käsesorten, Mini-Mozzarellakugeln, Karotten- oder Kohlrabistückchen. Dazu passt gut ein Quarkdip mit fein geschnittenem Bärlauch.

Ungeheuer-Sandwich

Zutaten pro Kind:

1 Vollkornbrötchen
Schnittkäse
Schinken
½ Tomate
1 Karotte
einige dünne Scheiben Salatgurke

Jedes Kind bekommt ein Vollkornbrötchen, das es nach Lust und Laune zuerst mit Butter bestreichen und dann mit Käse-, Schinken-, Tomaten-, Karotten- oder dünnen Gurkenscheiben belegen kann. Danach werden Bärlauchblätter um das Brot gewickelt. Für die Augen und die Nase des Ungeheuers Gewürznelken an die entsprechenden Stellen im Brot stecken. Dann wird das »Ungeheuer« genüsslich verspeist (die Nelken werden nicht mitgegessen).

Bärlauchröllchen mit Frischkäsefüllung

Für ca. 12 Röllchen

Ca. 40 Bärlauchblätter
150 g Hüttenkäse
3 Löwenzahnblütenköpfe
Salz, Pfeffer
10 Bärlauchblütenstängel

10 Bärlauchblätter sehr fein hacken und unter den Hüttenkäse mischen. Von den Löwenzahn-Blütenköpfen die gelben Blütenblätter auszupfen und ebenfalls unter den Hüttenkäse mengen. Mit wenig Salz und Pfeffer abschmecken. Nun 3 Bärlauchblätter ohne Stiele überlappend auslegen. Je 1 Teelöffel Hüttenkäsefüllung darauf verteilen und fest zusammenrollen. Die Röllchen mit den Blütenstängeln feststecken. Dazu zuerst mit einem Zahnstocher ein kleines Loch vorbohren, dann den Blütenstängel durchziehen.

Hinweis: Die Zubereitung erfordert etwas Fingerspitzengefühl

Bärlauchomelette

Für ca. 7 dünne Omeletten

Teig:
200 g Dinkelruchmehl (Type 1050)
3/4 TL Salz
300 ml Wasser
4 Eier
1 EL Öl
1 Handvoll Bärlauchblätter, klein geschnitten
Öl
1 Handvoll Gänseblümchen

Hackfleisch-Gemüse-Füllung:
1 Esslöffel Bratfett
400 g Rindfleisch, gehackt
1 große Zwiebel, gehackt
2 Knoblauchzehen, gehackt
3 Karotten, fein geschnitten
1/2 Sellerie, fein geschnitten
1/2 Stange Lauch, fein geschnitten
2 Teelöffel Tomatenpüree
2 Esslöffel Mehl
200 ml Gemüsebrühe
Salz, Pfeffer, Curry, wenig Rohzucker

Alle Zutaten gut miteinander vermischen und einen dünnflüssigen Teig herstellen. Diesen mindestens 1/2 Stunde ruhen lassen. Wenig Öl in die Pfanne geben, etwas Teig hineingeben und beidseitig goldgelb ausbacken.

Für die Füllung das Bratfett in einem Topf erhitzen. Das Hackfleisch darin gut anbraten. Zwiebel, Knoblauch, Karotten, Sellerie und Lauch beigeben und mitdämpfen. Das Tomatenpüree dazugeben, das Mehl darüberstreuen, alles gut mischen und mit der Gemüsebrühe aufgießen. Auf kleinem Feuer ungefähr 25 Minuten köcheln lassen. Mit Salz, Pfeffer, Curry und wenig Rohzucker abschmecken.

Die fertigen Omeletten mit Fleisch-Gemüse-Füllung füllen und mit Gänseblümchenköpfen dekorieren.

Tipp: Die Omeletten können auch mit Brennnesseln, Giersch, Gundermann oder Holunderblüten zubereitet werden.

Bärlauchknöpfli

Für 4–5 Portionen

Teig:
250 g Dinkelruchmehl (Type 1050)
1 TL Salz
1 EL Weizengrieß
3 Eier
100 ml Wasser
1 Handvoll Bärlauchblätter, klein geschnitten

2 EL Salz
geriebener Käse

Alle Zutaten gut miteinander vermischen und einen zähflüssigen Teig herstellen. Diesen mindestens 1/2 Stunde ruhen lassen. In einem Topf 3 Liter Wasser mit 2 Esslöffeln Salz aufkochen. Den Teig portionsweise durch ein Knöpflisieb ins heiße Wasser streichen und warten, bis die Knöpfli an die Oberfläche steigen. Die Knöpfli mit einer Schaumkelle abschöpfen und in eine Schüssel geben. Ein großes Stück Butter daruntermischen und mit geriebenem Käse bestreuen.

Tipp: Mit Bärlauchpaste aus dem Vorrat (siehe Seite 25) können diese Knöpfli das ganze Jahr über hergestellt werden.

Bärlauch-Karotten-Risotto

Für 4–5 Portionen

2 EL Olivenöl
1 Zwiebel, gehackt
200 g Karotten, klein gewürfelt
200 g Risottoreis
800–900 ml Gemüsebrühe
1 Handvoll Bärlauchblätter
1 EL Butter
50 g geriebener Parmesan

Das Olivenöl in einem Topf erwärmen, Zwiebel und Karotten dazugeben und einige Minuten andünsten. Den Reis beifügen und alles zusammen kurz weiterdünsten, bis der Reis glasig ist. Die Gemüsebrühe nach und nach dazugeben und weiter kochen, bis der Risotto gar ist. Den Topf vom Feuer nehmen und die fein geschnittenen Bärlauchblätter, die Butter und den Parmesan unterziehen.

Aromatischer Bärlauchquark zum Dippen von Gemüsestängelchen

Bärlauchquark

Für 4–5 Portionen

500 g Halbfettquark
Salz und Pfeffer
2 Handvoll junge Bärlauchblätter, klein geschnitten
1 Handvoll Wildkräuterblüten

Alle Zutaten gut miteinander mischen und mit Wildkräuterblüten dekorieren.

Tipp: Dieser Quark schmeckt gut zu Kartoffeln oder als Dip zu frischen Gemüsestängelchen, zum Beispiel aus Karotten, Gurken oder Sellerie.

Bärlauch-Eier-Aufstrich

Für 4–5 Portionen

4 hart gekochte Eier
1 Handvoll Bärlauchblätter
150 g Crème fraîche
4 EL Mayonnaise
Kräutersalz

Die Eier schälen und fein hacken. Die Bärlauchblätter klein schneiden. Alle Zutaten gut vermischen, mit Kräutersalz würzen und als Brotaufstrich genießen.

Kleine Geschenke oder für den Vorrat

Bärlauchpesto

5 Handvoll Bärlauchblätter
100 g Parmesan, gerieben
100 g Walnüsse, Haselnüsse oder Mandeln, fein gemahlen
Salz und Pfeffer
Schale von 1 unbehandelten Zitrone
ca. 400 ml Olivenöl extra vergine (oder halb Sonnenblumen-, halb Olivenöl)

Die frisch gesammelten, sauberen Blätter des Bärlauchs auf einem Brett mit dem Wiegemesser sehr fein schneiden und in eine Schüssel geben. Bärlauchblätter mit geriebenem Parmesan, gemahlenen Nüssen, Salz, Pfeffer, abgeriebener Zitronenschale und Öl vermischen, bis eine Pestomasse entsteht. Je nach gewünschter Konsistenz noch etwas Öl hinzufügen. Das fertige Pesto in kleine Gläser abfüllen, mit Öl bedecken und das Glas verschließen. Dieses Pesto schmeckt wunderbar zu Spaghetti, Penne oder auf gerösteten Brotscheiben.

Tipp: Das Pesto kann auch tiefgekühlt und so noch länger gelagert werden.

Bärlauchpaste

100 g frische Bärlauchblätter
ca. 100 ml kalt gepresstes Sonnenblumen oder Olivenöl
5–10 g feines Meersalz

Die Bärlauchblätter mit dem Wiegemesser zerkleinern. Öl dazugeben, bis eine dickflüssige Paste entsteht. Mit Meersalz würzen.

Tipps: Zu verwenden als Zutat von Salatsaucen, in Omelett-, Knöpfli- oder Brotteig. Haltbarkeit: Die Paste kann in einem sauberen, fest verschlossenen Glas im kühlen Keller mindestens 1 Jahr gelagert werden. Zu einem späteren Zeitpunkt kann daraus ein Pesto hergestellt werden.

Bärlauchöl

1 große Handvoll Bärlauchblätter
1 l kalt gepresstes Oliven- oder Sonnenblumenöl

Die sauberen und trockenen Bärlauchblätter in ein Einmachglas (1 l) füllen und mit dem Öl übergießen. Das Öl 3 Wochen an einem hellen Ort in der Küche ziehen lassen, dabei täglich einmal sanft bewegen. Danach die Blätter abseihen und das Öl zurück in die Flasche füllen.

Tipps: Bärlauchöl kann als Grundlage für Salatsaucen, zum Anbraten von Gemüse oder Brotcroûtons verwendet werden. Haltbarkeit: Das Öl ist im kühlen Keller mindestens 1 Jahr haltbar.

Weitere Rezepte:
Bärlauchbutter, Seite 171; Bärlauchessig, Seite 174; In Essig eingelegte Bärlauchsamen, Seite 176

Giersch

Aegopodium podagraria L.

Der Giersch, der mit seiner ungehemmten Fortpflanzungskraft ganze Gärten in Gesundheitsapotheken verwandelt und manchen Gärtner durch sein nahezu unaufhaltsames Wuchern zur Verzweiflung treibt, zeigt uns, dass es immer auf die »richtige« Perspektive im Leben ankommt. Ärgern wir uns über Dinge, die nicht zu ändern sind, brauchen wir viel Lebensenergie. So ist es auch mit dem Giersch. Zwinkern Sie dem Wildkraut zu, freuen Sie sich darüber, dass Ihnen etwas unverhofft geschenkt wird, und verwenden Sie es oft in Ihrer Küche.

Botanik

Der Giersch gehört zur Pflanzenfamilie der Doldenblütler. Er hat einen hohlen, dreikantigen, ins Rötliche verlaufenden Stängel, der nach oben hin leicht behaart ist. Die Pflanze ist ausdauernd, mehrjährig und wird 30 bis 100 cm groß. Die Blätter sind am Rand leicht gesägt. Im Jungstadium bilden sie ein Kreuz, sind hellgrün und glänzend. Der Giersch blüht in der Regel von Juni bis Juli. Die Pflanze vermehrt sich über ein stark wucherndes Rhizom (Wurzelwerk), dadurch kann sie sich über große Flächen verbreiten. Der Giersch ist eine Stickstoffzeigerpflanze.

Gut zu wissen: Wie erkenne ich Giersch?

Der würzige Geruch von frisch zerriebenen Gierschblättern erinnert leicht an den Duft von Petersilie, Karotten, Fenchel oder Sellerie. Ein Merkmal des Gierschs ist sein innen hohler, dreikantiger Stängel, der nach unten meist ins Rötliche verläuft. Die Jungblätter sind hellgrün bis gelblich und leicht glänzend.

Verwechslungsmöglichkeiten: Giersch kann mit anderen Doldenblütlern und den jungen Blättern von Waldengelwurz verwechselt werden. Da es unter

Die frischen, jungen Gierschblätter sind hellgrün und leicht glänzend.

Die zarte Blüte des Gierschs

Pflanzenblüten für das Blättermemory

den Doldenblütlern einige giftige Exemplare gibt (gefleckter Schierling, Wasserschierling, Breitblättriger Merk, Heckenkälberkropf), sollte man sich die Merkmale des Gierschs gut einprägen und auch diejenigen anderer Pflanzen kennen. So sind zum Beispiel die Blätter des sehr giftigen, gefleckten Schierlings meist unten rot gefleckt und riechen unangenehm.

Traditionen und Mythen

Im Volksmund wird der Giersch auch als Zipperleins- oder Podragakraut bezeichnet. Dies hat seinen Grund, denn in früheren Zeiten soll die arme Landbevölkerung bei Rheumabeschwerden und Gicht Giersch gegessen haben. (Podagra ist eine alte Bezeichnung für Gicht.) Ein aus Blättern und Blüten zubereiteter Gierschtee hat eine leicht harntreibende Wirkung, wodurch der Heilungsprozess unterstützt wird.

Überall, wo sich menschliche Siedlungen befanden, war auch der vitaminreiche Giersch in großen Mengen vorhanden. In Not- und Kriegszeiten, wenn es an frischem Gemüse mangelte, besannen sich die Menschen auf die gesundheitsfördernden Qualitäten des Wildkrauts, und der Giersch fand seinen Weg in die Kochtöpfe.

Ernten/sammeln: Wo, was und wann?

Der Giersch wächst in ganz Europa, außer im Mittelmeerraum. Man findet ihn auf nährstoffreichen, schattigen, feuchten Böden, an Waldrändern, Hecken, Gebüschen, Bachläufen und im Hausgarten.

Die zarten, hellgrün glänzenden *Blätter:* März bis August; etwas ältere Blätter lassen sich ebenfalls verwenden, wenn sie fein geschnitten werden. *Blüten:* zur Blütezeit im Juni/Juli

Tipp: Aus den getrockneten Blättern lässt sich, mit Salz vermischt, ein Kräutersalz herstellen (siehe Seite 36).

Naturapotheke

- *Insektenstiche:* Ein auf der Haut zerriebenes Gierschblatt wirkt entzündungshemmend und lindert die Schmerzen bei Insektenstichen und leichten Verbrennungen.
- *Ernährung:* Giersch wirkt harntreibend und harnsäureausscheidend. Er enthält 15-mal so viel Vitamin C wie Blattsalat und außerdem viele Mineralstoffe.

Giersch erleben, erforschen, begreifen

Blättermemory

Aus vielen verschiedenen Baum- oder Pflanzenblättern lassen sich schnell und einfach Blättermemorys herstellen. Wir haben hier das Blatt des Gierschs gewählt, das sich im Juli, bevor die Pflanze unansehnlich wird, noch sehr gut dafür eignet. Memoryspiele fördern die Konzentration und das visuelle Gedächtnis der Kinder. Dieses Blättermemory ist schon für ganz kleine Kinder geeignet. Die Kinder helfen gerne, die einzelnen Blüten und Blätter für die Gestaltung des Spiels zu sammeln, und lernen dabei die Pflanzen kennen.

Wir haben folgende Pflanzen gesammelt:

22 große Gierschblätter (jeweils das größte, oberste Blatt des Triebs)

22 lange Dornen des Schwarzdorns (zum Anstecken der gesammelten Pflanzenteile)

Jeweils paarweise:
Ackerwindenblüten
Borretschblüten
Gänseblümchenblüten
Gundermannblätter
Johanniskrautblüten
Lavendelrispen
Malvenblüten
Nachtkerzenblüten
Ringelblumenblüten
Rosenblütenblätter
Spitzwegerichblätter

Und so geht's:

Nun werden mit den Dornen des Schwarzdorns je 2 gleiche »Pflanzenteile« auf die größten Gierschblätter gesteckt. Wenn alle Blätter besteckt sind, kann das Spiel beginnen.

Spielanleitung:

Für 2–3 Spieler geeignet.
Am besten spielt man das Blättermemory auf einer gemähten Wiese, da die einzelnen gestalteten Blätter unterschiedlich dick sind.

Alle Blätter werden verkehrt herum gelegt, sodass man die Vorderseite (das »Blattbild«) nicht sieht.

Nun beginnt ein Spieler mit dem Aufdecken der Blätter. Pro Zug dürfen jeweils 2 Blätter aufgedeckt werden. Bilden sie kein »Pärchen«, müssen sie wieder umgedreht werden. Danach ist der nächste Mitspieler an der Reihe.

Sobald er 2 gleiche Blätter gefunden hat, darf er diese behalten und nochmals 2 Blätter aufdecken.

Gewinner ist, wer die meisten »Pärchen« gefunden hat.

Geschichten erfinden

Kinder kennen viele Märchen und Geschichten. Hier wollen wir ein Märchen über Kräuter und Heilpflanzen gemeinsam erfinden. Der Beginn der Geschichte wird den Kindern vorgegeben und dann erzählt jedes Kind seine eigene Fortsetzung. Es reicht schon ein Satz pro Kind, doch manche Kinder erzählen gerne lange und spannende Geschichten.

Pflanzen für das Blättermemory (von links oben nach rechts unten): Borretschblüten, Spitzwegerichblätter, Gundermannblätter, Ackerwindenblüten, Gänseblümchenblüten, Johanniskrautblüten, Ringelblumenblüten, Nachtkerzenblüten, Rosenblütenblätter, Malvenblüten, Lavendelrispen

Kräuterküche

Welche Pflanzenteile werden in der Wildkräuterküche verwendet?
Junge Blätter, auch ältere sind möglich, Blüten.

Nudeln mit Erbsen und Giersch

Für 4 Erwachsene oder 6–8 Kinder

200 g Schinken, in Scheiben
1 große Handvoll Gierschblätter
400 g Nudeln
300 g tiefgekühlte Erbsen
200 ml Rahm (Sahne)
1 Knoblauchzehe
Salz, Pfeffer
100 g Parmesan

Schinken in feine Streifen schneiden, beiseitestellen. Giersch mit dem Wiegemesser klein schneiden, beiseitestellen.

Nudeln in reichlich Salzwasser kochen, kurz bevor sie bissfest sind, die tiefgekühlten Erbsen beigeben. Das Kochwasser abgießen, Nudeln und Erbsen abtropfen lassen. Zunächst den Rahm, dann den gepressten Knoblauch und den Schinken zu den Nudeln geben. Alles gut mischen, mit Salz und Pfeffer abschmecken. Die fein geschnittenen Gierschblätter und den geriebenen Parmesan darüberstreuen.

Kochen …

… und geniessen – beides eine gute Erfahrung

Neunkräuter- oder Gründonnerstagssuppe

Für 4 Portionen

- 1–2 EL Butter
- 30 g Hartweizengrieß
- 1 l Gemüsebrühe
- 2 EL Mehl
- 150 ml Rahm (Sahne)
- 2 Handvoll Wildkräuter (9 verschiedene Sorten)

Butter in einer Pfanne schmelzen. Grieß mit der Butter kurz andünsten. Brühe hinzufügen und die Suppe kurz aufkochen. Mehl in etwas kaltem Wasser auflösen, in die Suppe einrühren und nochmals kurz aufkochen. Den Rahm und die klein geschnittenen Kräuter beigeben. Nicht mehr kochen lassen! Die fertige Suppe mit einem Gierschblatt garnieren und sofort servieren.

Tipp: Mögliche Kräuterauswahl für die Zubereitung der Suppe: Bärlauch, Brennnessel, Gänseblümchen, Giersch, Gundelrebe, Huflattich, Löwenzahn, Sauerampfer, Schafgarbe, Scharbockskraut vor der Blüte, Schaumkraut, Spitzwegerich, Veilchen, Vogelmiere, wilder Schnittlauch, Taubnessel. Nicht zu viele Löwenzahnblätter verwenden, da die Suppe sonst bitter schmeckt.

Die Zutaten der Neunkräutersuppe (von oben im Uhrzeigersinn): Huflattich, Labkraut, Gänseblümchen, Bärlauchblätter und -knospen, Spitzwegerich, Giersch, Taubnessel, Löwenzahn, Brennnessel, in der Mitte Veilchenblüten

Mit Frischkäse gefüllter Stangensellerie

Für 4 Portionen

4 Stangen Sellerie
1 Handvoll Gierschblätter
200 g Frischkäse
Salz, Pfeffer
einige Wildkräuterblüten,
z. B. Löwenzahn, Gänseblümchen

Stangensellerie gut waschen und abtropfen lassen. Gierschblätter mit dem Wiegemesser klein schneiden und unter den Frischkäse geben.
Die Mischung mit den Gewürzen abschmecken und mithilfe eines Messers in den Stangensellerie einfüllen. Füllung mit dem Messer glatt streichen und die Selleriestangen in mundgerechte Stücke schneiden. Mit den Blüten dekorieren.

Tipp: Der gefüllte Stangensellerie eignet sich als Vorspeise und schmeckt gut zu Kartoffeln.

Gurken-Radieschen-Salat mit Giersch

Für 4 Portionen
(Kinder mögen Gurken)

1 Salatgurke
1 Bund Radieschen
200 g Fetakäse
1 Handvoll Gierschblätter

Sauce:
5 EL Öl
2–3 EL Essig
½ TL Senf
½ TL Salz
Pfeffer

Salatgurke schälen, dabei noch etwas Schale an der Gurke belassen, und in Würfel schneiden. Radieschen waschen, in Viertel schneiden. Feta in Würfel schneiden. Gierschblätter mit dem Wiegemesser klein schneiden.
Die Zutaten für die Sauce miteinander verquirlen und mit den übrigen Zutaten vermischen.

Bunter Kartoffelsalat mit Giersch

Zutaten pro Kind:

1–2 Kartoffeln (Kartoffeln in der Schale vom Vortag), geschält und in Scheiben geschnitten
½ Tomate, in Würfel geschnitten
2 EL Erbsen, gedünstet
¼ Stangensellerie, klein geschnitten
einige Gierschblätter, mit den Fingern fein zerrupft

Sauce:
1 EL Essig
2 EL Öl
etwas Senf
50 ml Gemüsebrühe
wenig Salz, Pfeffer
1 Prise Zucker

Für die Sauce Essig, Öl, Senf, Gemüsebrühe und Gewürze miteinander verquirlen und mit den Kartoffeln sowie den anderen Zutaten mischen.

Chicorée-Apfel-Salat mit Giersch

Für ca. 3 Portionen

1 großer Chicorée
1 großer Apfel mit roter Schale
etwas Zitronensaft
1 Handvoll Gierschblätter, fein geschnitten
einige Frühlingsblüten

Sauce:
1 kleine Schalotte, klein gehackt
2 EL Kräuteressig
1 TL Senf
Salz, Pfeffer
1 Prise Rohrohrzucker
3 EL Apfelsaft
3 EL Öl

Chicorée waschen, der Länge nach durchschneiden, den Mittelstrunk entfernen und die Blätter in feine Streifen schneiden. Mit Zitronensaft beträufeln. Das Apfelgehäuse entfernen, dann den Apfel achteln und in dünne Scheiben schneiden. Die Zutaten für die Sauce miteinander verquirlen, Chicorée und Apfel in eine Schüssel geben und mit der Sauce vermischen. Giersch und Frühlingsblüten über den Salat streuen.

Zartweizengemüse mit Giersch

Für 3–4 Portionen

2 EL Butter
1 kleine Zwiebel, gehackt
1 Karotte, gewürfelt
1 kleine Stange Lauch, in feine Streifen geschnitten
125 g Zartweizen (vorgegarter Weizen, erhältlich im Reformhaus oder im Naturkostladen)
250 ml Gemüsebrühe
Salz, Pfeffer
1 Handvoll Gierschblätter, klein geschnitten

Butter in einer Pfanne erwärmen, Zwiebel, Karotte und Lauch beigeben und einige Minuten zusammen andünsten. Zartweizen dazugeben und mit der Gemüsebrühe ablöschen. Zartweizen vom Feuer nehmen und circa 20 Minuten bei geschlossenem Deckel quellen lassen. Mit dem Gemüse vermischen und mit den Gierschblättern bestreuen.

Tipp: Frisch geröstete Sonnenblumenkerne oder Kürbiskerne darüberstreuen.

Kleine Geschenke oder für den Vorrat

Tomatensuppe mit Giersch im Glas

2 EL Butter
2 große Zwiebeln, gehackt
4 Knoblauchzehen, gehackt
1,6 kg Tomaten aus der Dose
500 ml Gemüsebrühe
Salz, Pfeffer, Paprika, wenig Zucker
etwas Zitronensaft
2 Handvoll Giersch

Butter in einer Pfanne schmelzen, Zwiebeln und Knoblauch darin glasig dünsten. Tomaten und Gemüsebrühe dazugeben und die Suppe ½ Stunde köcheln lassen. Anschließend alles durch ein feines Sieb streichen und nochmals kurz aufkochen. Suppe mit Gewürzen und Zitronensaft abschmecken, zum Schluss den klein geschnittenen Giersch beigeben. Die Suppe in heiß ausgespülte Gläser abfüllen.

Hinweis: Die Suppe hält sich im Kühlschrank eine Woche.

Gierschpaste

5–6 Handvoll Gierschblätter
Öl
1–2 TL feines Meersalz

Frisch gepflückte und klein geschnittene Gierschblätter mit so viel Öl vermischen, dass eine dickflüssige Paste entsteht. Meersalz daruntermischen und die Paste in kleine Gläser abfüllen.

Tipp: Die Gierschpaste eignet sich als Grundlage für den Kichererbsen-Giersch-Aufstrich (siehe unten). Man kann sie auch für Salatsaucen, in Quarkmischungen, für Fischmarinaden und zum Kochen von Gemüse verwenden.

Hinweis: Die Paste hält sich im Kühlschrank mehrere Wochen.

Kichererbsen-Giersch-Aufstrich

50 g Kichererbsen
1 Handvoll Gierschblätter oder
 2 TL Gierschpaste (siehe oben)
 bzw. Bärlauch-Giersch-Paste
 (fein gehackte Kräuter in Öl)
50 g Mayonnaise
etwas Senf
feines Meersalz, Pfeffer

Kichererbsen über Nacht in kaltem Wasser einweichen. Wasser abgießen und die Erbsen anschließend in frischem Wasser, ohne Salz, sehr weich kochen. Abkühlen lassen. Kichererbsen mit einer Gabel gut zerdrücken. Mayonnaise, Senf und die klein geschnittenen Gierschblätter mit dem Kichererbsenmus vermischen und mit Salz und Pfeffer würzen.

Tipps: Wer den Aufstrich noch etwas würziger mag, kann ihn mit Cayennepfeffer würzen oder eine Knoblauchzehe dazugeben.

Hinweis: Im Kühlschrank hält sich die Paste circa vier Wochen.

Kräutersalz

2 EL getrocknete Gierschblätter
½ EL getrocknete Rosmarinnadeln
½ EL getrocknete Liebstöckelblätter
1 EL Meersalz

Alle Zutaten im Mörser zerkleinern und in kleine Gläser oder Gewürzstreuer abfüllen.

Tipp: Das Salz eignet sich zum Würzen von Salatsaucen, Quarkspeisen und Gemüse.

Löwenzahn

Taraxacum officinale L.

Das fröhlich strahlende Gelb der voll erblühten Löwenzahnblüte ist im Frühling und Spätsommer weithin sichtbar. Der Löwenzahn symbolisiert höchste Lebenskraft, Energie und Freude. In der christlichen Symbolik steht er für ewiges Leben (das strahlende Gelb der Blüte), für die Vergänglichkeit alles Lebendigen (die verblühte Blume) und für den Aufbruch der Seele (die Samenschirmchen, die an einem anderen Ort eine neue Pflanze bilden werden).

Botanik

Es gibt viele verschiedene Löwenzahnarten. Umgangssprachlich werden sie alle als »Löwenzahn« bezeichnet, auch wenn sich dieser Name genau genommen nur auf den Gewöhnlichen Löwenzahn bezieht. Die Pflanze ist mehrjährig und kann bis zu 30 cm groß werden. Alle Löwenzahnarten gehören zu den Korbblütlern. Die Pfahlwurzeln des Löwenzahns sind vielen wahrscheinlich von der Gartenarbeit her bekannt, denn beim Graben stößt man immer wieder auf die bis zu 30 cm langen, weißen Speicherorgane. Die Blütenköpfe des Löwenzahns schließen sich nachts und auch tagsüber, wenn es regnet. Eine einzelne Löwenzahnblüte kann bis zu 5000 Samen entwickeln. Löwenzahn mag die Sonne, daher blüht er erst, wenn es mindestens zwölf Stunden am Tag hell ist. Bei Sonnenschein ist sein strahlender Blütenkopf der Sonne zugewandt. Löwenzahn liebt stickstoffhaltige Böden. Seine Hauptblütezeit ist von April bis Mai und dann noch einmal im September und Oktober.

Der gelbe Blütenkranz des Löwenzahns symbolisiert die Sonne.

Die Samenschirmchen des Löwenzahns sind bereit, sich mit dem Wind in die Welt hinaus tragen zu lassen.

Junge Löwenzahnpflanzen schmecken besonders gut.

Gut zu wissen: Wie erkenne ich Löwenzahn?

Löwenzahn erkennt man an der eng am Boden liegenden Blattrosette, die sich im Frühling nach den ersten warmen Sonnenstrahlen zeigt. Die hohlen Stängel enthalten einen weißen Pflanzensaft. Dieser ist nicht giftig, hinterlässt jedoch an Händen und Kleidern braune Flecken. Regenwürmer lieben diesen Saft – für Babyregenwürmer sind Löwenzahnstängel eine nährende »Milchbar«.
Die kleinen runden und festen Blütenknospen, aus denen später die leuchtend gelben Blüten werden, schmecken bitter.

Verwechslungsmöglichkeiten: Löwenzahn kann im Blattstadium mit dem Wiesenpippau, mit Milchkraut, Ferkelkraut und anderen Pflanzen aus der Familie der Korbblütler verwechselt werden. Alle diese Pflanzen sind ebenfalls essbar. Sobald Löwenzahn blüht, erkennt man ihn eindeutig an seiner Blüte und den Blütenblättern. Die dem Löwenzahn ähnlichen Blätter des Wiesenpippaus sind auf der Oberseite meist borstig und behaart, die Mittelrippe der Blattunterseite ist immer behaart. Wiesenpippau ist oft vielköpfig.

Traditionen und Mythen

Da der Löwenzahn fast überall auf der Welt wächst und die Menschen die Pflanze immer schon gut kannten, besitzt sie im Volksmund über 500 verschiedene Namen! Hier eine kleine Auswahl: Brunzer, Butterblume, Chrottepösche, Chüngelichrut, Kuhblume, Laternenblume, Maiblume, Märzestock, Milchstock, Mohrewurzel, Mönchskopf, Pusteblume, Röhrlichrut, Sauwurzel, Schmalzblume, Seicher, Sonnenwirbel, Weiefäcke, Wiesenlattich. Diese unterschiedlichen Bezeichnungen beziehen sich meist auf die Beschaffenheit der Pflanze, auf ihr Aussehen, ihre Anwendung in der Volksmedizin und auf ihren Verwendungszweck, zum Beispiel als Tierfutter oder als Nahrungsquelle für den Menschen.

Wie das Gänseblümchen wird auch die Löwenzahnblüte gerne als Orakelpflanze befragt. So sagen junge Mädchen beim Abzupfen der Zungenblüten folgenden Spruch: »Er liebt mich, er liebt mich nicht, er liebt mich ...«

Bevor die spanischen Seefahrer im 16. Jahrhundert die große Sonnenblume aus Amerika nach Europa brachten, war der Löwenzahn unsere heimische Sonnenblume und symbolisierte die Sonne.

Ernten/sammeln: Wo, was und wann?

Löwenzahn gibt es fast überall auf der Welt. Er wächst auf Wiesen, Feldern, Äckern, an Wegrändern, am Waldrand, auf Rasenflächen und meist auch im Garten.
Junge *Blätter:* Können das ganze Jahr über gesammelt werden.
Wurzeln: In den Wintermonaten bis in den Frühling hinein schmecken die Wurzeln bitter – im Herbst sind sie etwas milder im Geschmack.
Knospen: vor der Blüte
Blüten: ab April

Tipp: Wenn auf einer Wiese sehr viel Löwenzahn wächst, sollte man dort nicht ernten, da dies auf eine zu starke Düngung mit Stickstoff hinweist.

Naturapotheke

- *Diuretikum:* Ein Tee aus den leicht bitteren Löwenzahnblättern und Wurzeln regt den Stoffwechsel und die Harnausscheidung an. Daher wird der Löwenzahn auf Französisch im Volksmund »pissenlit« (ins Bett pieseln) genannt.
- *Verbrennungen:* Ein Breiumschlag aus den zerdrückten Blättern des Löwenzahns wirkt bei leichten Verbrennungen kühlend.
- *Ernährung:* Löwenzahnblätter enthalten ungefähr achtmal so viel Vitamin C, 40-mal so viel Vitamin A und dreimal so viel Eisen wie kultivierter

Ein Zwergenbart aus Löwenzahnblütenblättern

Die Löwenzahnkönigin

Blattsalat. Im Frühling, wenn unser Körper eine Unterstützung gegen die Frühjahrsmüdigkeit braucht, versorgen die Blätter des Löwenzahns uns mit wertvollen Vitaminen, Mineral-, Bitter- und Schleimstoffen.
Löwenzahnwurzeln wurden in Not- und Kriegszeiten als Kaffeeersatz verwendet. Man gräbt sie im Frühling aus, wäscht sie und röstet sie klein geschnitten (ohne Fett) über dem Feuer oder im Backofen, bis die Wurzeln dunkel und getrocknet sind. Danach in einer Kaffeemühle mahlen. 1 Teelöffel Pulver mit 1 Tasse Wasser aufbrühen und etwas ziehen lassen.
Löwenzahnwurzeln können auch als Gemüse gegessen werden. Hierzu muss man sie gründlich reinigen und dünsten.

Löwenzahn erleben, erforschen, begreifen

Löwenzahn-Experiment

Löwenzahnstängel kringeln sich, wenn sie an den Enden aufgerissen und in ein Glas Wasser gelegt werden. Kinder sind fasziniert, wenn sie die dabei entstehenden Spiralmuster beobachten.

Löwenzahn-Fangspiel

Ab 4 Spielern
Ein Mitspieler wird als Fänger ausgewählt und muss die Augen schließen. Nun bekommt jeder Mitspieler ein Steinchen in die Hand gelegt. Ein Mitspieler erhält eine Löwenzahnblüte. Jetzt beginnen die Spieler, sich gegenseitig zu fangen. Wird jemand gefangen, muss er seine Hand öffnen. Zeigt er ein Steinchen, geht das Spiel weiter. Wird der Mitspieler mit der Löwenzahnblüte gefangen, ist das Spiel beendet und beginnt wieder von vorne.

Blütenschminke

Wie viele andere Blüten (Gänseblümchen, Veilchen, Wiesenprimeln, Ehrenpreis, Hahnenfuß und andere) eignen sich auch die gelben Blütenblätter des Löwenzahns gut für »Kinderschminke«.
Dazu werden die Gesichter der Kinder mit einer Gesichtscreme eingefettet und dann mit einzelnen Blütenblättern hübsch verziert und dekoriert.

Kopfschmuck aus Löwenzahnkränzen

Material:
starker Nähfaden oder dünner Blumendraht
viele Löwenzahnblüten mit langen Stielen

Einzelne Löwenzahnblüten werden zu kleinen Bündeln zusammengebunden.

Die Blütenbündel werden aneinandergebunden.

So fortfahren, bis ein Kranz in der gewünschten Länge entstanden ist.

Zeichnungen: Salomé Mossdorf

Und so geht's:

Wir setzen uns auf eine Löwenzahnwiese und pflücken zunächst circa 5 Löwenzahnblüten mit langen Stielen. Diese binden wir zu einem kleinen Bündel zusammen. Danach pflücken wir weitere Blüten und binden sie unterhalb der 1. Blütengruppe an. So fahren wir fort und ergänzen den Kranz mit so vielen neuen Blüten, bis seine Länge dem Kopfumfang eines Kindes entspricht. Zuletzt wird der Abschluss der entstandenen Blütenschlange mit dem Anfang zu einem Kranz zusammengebunden.

Bewegungsspiel: Der Löwenzahn

Für 1 Kind und 1 Erwachsenen geeignet.

1. Ein Löwenzahn schläft in der Wiese, tief in der Erde Schoß.
   (Das Kind macht sich ganz klein und schläft am Boden.)
2. Der Regen klopft und weckt ihn: Wach auf und werde groß!
   (Leises Klopfen auf einem Tamburin als Regengeräusche.)
3. Der Löwenzahn reckt und streckt sich, wächst hoch und schlank hinauf.
   (Das Kind reckt und streckt sich und macht sich groß.)
4. Die Sonne kommt und wärmt ihn, bald blüht seine Blüte auf.
5. Da freut sich unser Löwenzahn. Er wiegt sich froh im Wind. Und schwenkt seine gelbe Blüte und grüßt ein jedes Kind.
   (Das Kind, wiegt sich im Wind und grüßt die anderen Kinder.)

Löwenzahnverse

Löwenzahn, Löwenzahn,
zünde deine Lichtlein an!
Lichtlein hell und Lichtlein weiß,
Lichtlein auf der Wiese.
Pust ich alle Lichtlein aus,
dunkel wird's im Wiesenhaus.
Tausend Fünklein fliegen fort,
blühn an einem andern Ort.
Löwenzahn, Löwenzahn,
nächstes Jahr, hebt's wieder an!
Kurt Kölsch

Armer gelber Löwenzahn,
wirst als Unkraut abgetan.
Wärst du rar wie Orchideen,
jeder fänd' dich wunderschön.
Wiltrud Eberhardt

Zwiebelschalensud

Die vorbereiteten Eier sind bereit für das Färbebad im Zwiebelschalensud.

Eier mit Löwenzahnblättern färben (siehe Bild Seite 10)
Weiße Eier lassen sich wunderbar mit Zwiebelschalen färben. Dazu sammelt man (möglichst ab Weihnachten) Zwiebelschalen, die beim täglichen Kochen anfallen. Die Schalen in einem großen Topf mit kaltem Wasser bedecken, zum Kochen bringen und 2 bis 3 Minuten kochen lassen.
Den Sud abkühlen lassen und die Schalen entfernen. Die Eier oben und unten mit einer Stecknadel einstechen (damit sie beim Kochen nicht platzen) und jeweils ein Löwenzahnblatt auf die Schale legen. Mit einem Stück Feinstrumpfhose straff umwickeln, die Strumpfenden mit Nähfaden zubinden. Die eingewickelten Eier in den kalten Sud legen und diesen langsam erwärmen. Eier 10 Minuten lang hart kochen. Den Strumpf und das Blatt entfernen, Eier abkühlen lassen. Wer möchte, kann die Eier mit Salatöl einreiben, damit sie schön glänzen.

Kräuterküche

Welche Pflanzenteile werden in der Wildkräuterküche verwendet?
Ganze Pflanze: junge Blätter, Knospe, Blütenblätter, Stängel und Wurzel.

Tausend buttergelbe Sonnen
aus den fetten Wiesen strahlen,
in den tausend goldnen Spiegeln
darf der Lenz sich leuchtend malen.
Wo die Blüten sich verschwenden
bald nur Kugellichter stehen,
und auch sie sind rasch zerblasen
von des Sommerwindes Wehen.
Aber stetig bleibt dem Kraute
jene Kraft und herbe Frische,
die dem Löwenzahnsalate A
nsehn schafft auf jedem Tische.
Max Rieple

Löwenzahnrätsel
In dem folgenden »Text« haben sich elf Wörter aus dem Gedicht von Max Rieple versteckt.
Die Kinder können sie suchen, anmalen oder unterstreichen.

Eriitnmvmbuttergelbekrjfhnghkvfettenporn
vbghstrahlenklrnfghjkzmSpiegelnoehncvfgh
LenzlrzhnvbdghjklöpoBlütenklgnvbetwfvgh
Kugellichteräoiuetgdbgfhjcvlndgzerblasenkj
ewqacfSommerwindeskpoqwbuhgfdcfgtrfghjk
iuztghKrauteqawsedrftgzhujLöwenzahnsalate

Lösung Seite 191

Apfelsaftcreme mit Löwenzahnblüten

Für 4–5 Portionen

2 EL Maisstärke
600 ml Apfelsaft
4–5 EL Rohrohrzucker
2 Eier
Saft und Schale von ½ Zitrone
200 ml Rahm (Sahne)
10 Löwenzahnblüten, Blütenblätter ausgezupft (ohne grünes Körbchen)
einige Gänseblümchenblüten und weitere Löwenzahnblüten

Maisstärke und 50 ml Apfelsaft in eine Pfanne geben und gut verrühren – es dürfen sich keine Klümpchen bilden. Den restlichen Apfelsaft zugeben und nochmals gut verrühren. Rohrohrzucker, Eier, Zitronensaft und abgeriebene Zitronenschale hinzufügen. Alles zusammen unter Rühren aufkochen und abkühlen lassen. Rahm steif schlagen und unter die erkaltete Creme ziehen. Die ausgezupften Blütenblätter des Löwenzahns beigeben. Die fertige Creme mit Löwenzahn- und Gänseblümchenblüten dekorieren.

Fenchel-Orangen-Salat mit Löwenzahn

Für 4 Portionen

1 Fenchelknolle
2 kleine Orangen
1 Handvoll junge Löwenzahnblätter
180 g Naturjoghurt
etwas Zitronensaft
Salz, Pfeffer

Fenchelknolle waschen und in dünne Scheiben schneiden oder hobeln. Orangen schälen und klein schneiden. Löwenzahnblätter in feine Streifen schneiden. Alles mit dem Joghurt, Zitronensaft und den Gewürzen mischen.

Tipp: Eine gute Ergänzung zu diesem Salat sind Löwenzahnblütenblätter und Walnüsse.

Frühlingslöwenzahn-Bulgur mit versteckten Eiern

Für 4 Portionen

1 Zwiebel
1 Karotte
1 kleine rote Paprika
1 Handvoll Löwenzahnblätter
2 EL Olivenöl
200 g (ca. 2 Tassen) Bulgur
2–3 Tassen Gemüsebrühe
einige Bärlauchblätter
4 hart gekochte Eier

Sauce:
2 EL Butter
2 EL Weißmehl
200 ml Gemüsebrühe
100 ml Rahm (Sahne)
1 EL Senf
Salz, Pfeffer

Für den Bulgur Zwiebel, Karotte und Paprika klein würfeln und zusammen mit den in feine Streifen geschnittenen Löwenzahnblättern in Öl andünsten. Bulgur dazugeben und kurz weiterdünsten. Mit knapp 3 Tassen Gemüsebrühe ablöschen, circa 15 Minuten zugedeckt köcheln, vom Feuer nehmen und weitere 10 Minuten nachquellen lassen.

Für die Sauce die Butter in einem kleinen Topf zum Schmelzen bringen, dann das Weißmehl dazugeben und zusammen erhitzen. Mit Gemüsebrühe auffüllen, Sauce kurz aufkochen, Rahm hinzugeben. Die Sauce mit Senf, Salz und Pfeffer abschmecken. Die hart gekochten und geschälten Eier in die Sauce geben und erwärmen.

Jeweils eine Portion Bulgur auf 4 Teller geben. In der Mitte eine Vertiefung machen und das Ei hineinsetzen. Mit der Sauce übergießen und jeweils etwas fein geschnittene Löwenzahn- und Bärlauchblätter darüberstreuen.

Löwenhappen

Für ca. 50 Stück

Teig:
500 g Weißmehl
125 g Weizengrieß
2 TL Salz
125 g kalte Butter
250 ml lauwarmes Wasser

Füllung:
3 EL Olivenöl
2 mittelgroße rote Paprika
2 Handvoll junge Löwenzahnblätter
1 mittelgroße Zwiebel
200 g tiefgekühlte Erbsen
1 TL Garam masala (indische Gewürzmischung)
½ TL Koriander, gemahlen
½ TL Rohrohrzucker
2 EL Erdnussmus
Salz, Pfeffer

Für den Teig Weißmehl, Weizengrieß und Salz mischen. Butter in kleine Stücke schneiden und mit kalten Händen mit dem Mehl-Grieß-Gemisch verreiben, bis eine krümelige Masse entsteht. Wasser beigeben und alles rasch zu einem kompakten Teig verkneten. Teig im Kühlschrank 1 Tag ruhen lassen.

Für die Füllung das Olivenöl in eine Pfanne geben. Paprika waschen, entkernen und in kleine Würfel schneiden. Löwenzahnblätter in schmale Streifen und Zwiebel in Würfel schneiden. Alles zusammen mit den Erbsen im Olivenöl andünsten, bis das Gemüse weich ist. Gewürze und Erdnussmus dazugeben und alles gut vermischen. Die Füllung mit Salz und Pfeffer abschmecken.

Teig auf einer bemehlten Fläche circa 2 mm dünn auswallen. Mit einem Glas Kreise von 10 cm Durchmesser ausstechen. Die Kreisränder mithilfe eines Pinsels mit etwas Wasser befeuchten. Auf jeden Kreis je 1 Teelöffel Füllung geben. Kreise zusammenklappen und am Rand gut andrücken. Die Löwenhappen in einer Pfanne mit genügend Olivenöl braten, bis sie rundum goldbraun sind (ca. 8 bis 10 Minuten von beiden Seiten).

Tipp: Löwenhappen lassen sich gut für den Vorrat vorbereiten und können im Tiefkühlfach einige Wochen aufbewahrt werden. Vor dem Verzehr die Happen kurz antauen lassen, dann in der Pfanne braten. Die Happen schmecken auch kalt gut.

Löwenzahnknospen-Gemüse
Solange die Blütenknospen noch geschlossen sind, lassen sich die kleinen, grünen Kugeln als Wildgemüse zubereiten. Dazu sammeln wir viele Knospen, säubern sie von Ungeziefer und dünsten sie mit Butter in der Pfanne. Ihr Geschmack erinnert ein wenig an Rosenkohl. Löwenzahnknospen können über Reis- und Nudelgerichte oder über Salate gestreut werden.

Suppen, Omeletten-, Gnocchi- und Nudelteig
Junge Löwenzahnblätter geben Suppen, Omeletten-, Gnocchi- und Nudelteig eine schöne grüne Farbe. Wichtig ist jedoch, dass die Blätter mit dem Wiegemesser sehr fein geschnitten werden und dass nicht zu viel davon verwendet wird, da das Gericht sonst bitter schmecken kann.

Löwen-Bären-Fleischkugeln

Für ca. 22 Stück

1 Zwiebel
1 Knoblauchzehe
1 Handvoll junge Löwenzahnblätter
1 Handvoll Bärlauchblätter
1 EL Butter
400 g Rinderhackfleisch
1 Ei
4 EL Paniermehl
½–1 TL Salz
Pfeffer, Paprika, etwas Koriander, gemahlen
Sonnenblumenöl

Zwiebel schälen und in Würfel schneiden, Knoblauchzehe pressen, Löwenzahn- und Bärlauchblätter sehr fein schneiden. Alles zusammen in wenig Butter andünsten, bis die Zwiebeln glasig sind. Dann in eine Schüssel füllen und abkühlen lassen. Mit Hackfleisch und dem verquirlten Ei vermischen, dann 3 Esslöffel Paniermehl, Salz und Gewürze hinzugeben. Alle Zutaten gut miteinander verkneten, bis eine gleichmäßige Masse entstanden ist. Aus dieser Masse circa 22 gleich große Kugeln formen. Diese in etwas Paniermehl (oder Mehl) wenden. Die fertigen Kugeln in Sonnenblumenöl 20 Minuten gut durchbraten.

Tipp: Fleischkugeln zu Hause vorbereiten, dann müssen sie am nächsten Tag nur noch in der Pfanne erhitzt werden – die Kinder können dabei helfen.

Geburtstagssalat

Für 4–5 Portionen (nicht alle Kinder sind gute Salatesser)

1 Kopf Eisberg- oder Blattsalat
1 Handvoll Wildkräuter, z. B. Blätter von Löwenzahn, Giersch, Schafgarbe, Sauerampfer, Spitzwegerich
viele Wildkräuterblüten, z. B. von Baldrian, Giersch, Holunder, Natternkopf, Rotklee, Storchenschnabel, Gänseblümchen, Kornblume, Linde, Jungfer im Grünen, Schafgarbe, Malve

Sauce:
4 EL Kräuteressig
4 EL Apfelsaft
8 EL Öl
1 TL Rohrohrzucker
1 TL Zitronensaft
Salz, Pfeffer

Salat waschen und klein schneiden. Wildkräuter und Wildkräuterblüten in mundgerechte Stücke zerrupfen. Die Zutaten für die Sauce mischen, über den Salat geben und mit den Blüten bestreuen.

Pikanter Löwenzahnquark

Für 4–5 Portionen

1 kleine Handvoll junge Löwenzahnblätter
500 g Halbfettquark
Kräutersalz, Pfeffer, Currypulver
einige Löwenzahnblüten

Löwenzahnblätter klein schneiden und mit dem Quark mischen. Mit Kräutersalz, Pfeffer und etwas Currypulver abschmecken. Den Quark mit ausgezupften Löwenzahnblütenblättern dekorieren.

Tipp: Dieser Quark passt gut zu Kartoffeln in der Schale, zu frischem Brot oder als Dip zu den Löwenhappen.

Weitere Rezepte:
Löwenzahnbutter, Seite 171; Löwenkapern, Seite 176 (nach Rezept »Bärenkapern«); Löwenzahnblütenhonig, Seite 179; Löwenzahnsirup, Seite 181

Sommer

Sommerzeit ist ...
... Zeit zum Baden
... Zeit zum Barfußlaufen
... Zeit, um die Sonne auf der Haut zu spüren
... Zeit zum Kochen am Lagerfeuer
... Zeit, um die warmen Tage des Jahres rundum in vollen Zügen zu genießen!

Die Tage scheinen unendlich lang zu sein und die Kinder genießen das unbeschwerte Spiel in der Natur: Sie klettern auf die höchsten Bäume, planschen im kühlen Wasser des Waldbachs und wollen abends gar nicht mehr nach Hause gehen, da es ja noch so viel zu entdecken, zu erforschen und zu spielen gibt. Auch die Erwachsenen sind zu dieser Jahreszeit gerne draußen in der Natur und nutzen den Sommer zum Kochen und Grillen unter freiem Himmel. Die neuen Kreationen werden später am knisternden Lagerfeuer genossen.

Sommersonnenwende

Am 21. Juni beginnt der kalendarische Sommer. Zu dieser Zeit erreicht die Sonne ihre nördlichste Stellung über der Erde. Es ist der längste Tag und die kürzeste Nacht des Jahres und wir feiern das Sommersonnenwendfest.

Der Sommer in Sprichwörtern

- Ist der Juni warm und nass, gibt's viel Frucht und grünes Gras.
- Wenn Donner kommt im Julius, viel Regen man erwarten muss.
- So golden im Juli die Sonne strahlt, so golden sich der Weizen mahlt.
- Ist der August sonnig und trocken, gibt's im Winter reichlich Flocken.

Sommer

Weißt du, wie der Sommer riecht?
Nach Birnen und nach Nelken,
nach Äpfeln und Vergissmeinnicht,
die in der Sonne welken,
nach heißem Sand und kühlem See
und nach nassen Badehosen,
nach Wasserball und Sonnencreme,
nach Straßenstaub und Rosen.

Weißt du, wie der Sommer schmeckt?
Nach gelben Aprikosen
Und Walderdbeeren, halb versteckt
zwischen Gras und Moosen,
nach Himbeereis, Vanilleeis
und Eis aus Schokolade,
nach Sauerklee vom Wiesenrand
und Brauselimonade.
Weißt du, wie der Sommer klingt?
Nach einer Flötenweise,
die durch die Mittagsstille dringt,
ein Vogel zwitschert leise,
dumpf fällt ein Apfel in das Gras,
ein Wind rauscht in den Bäumen,
ein Kind lacht hell, dann schweigt es schnell
und möchte lieber träumen.

Ilse Kleberger

Wasser fasziniert die Kinder zu jeder Jahreszeit.
Sommertanz im kühlen Wald

Es war eine Mutter, die hatte vier Kinder

1. Es war eine Mutter, die hatte vier Kinder, den Frühling, den Sommer, den Herbst und den Winter.
2. Der Frühling bringt Blumen, der Sommer den Klee, der Herbst, der bringt Trauben, der Winter den Schnee.
3. Und wie sie sich schwingen im Jahresreihn, so tanzen und singen wir fröhlich darein.

Und so geht's:

Zum Lied tanzen wir alle zusammen. Die Kinder bilden einen Kreis und tanzen in dieselbe Richtung. Vier Kinder tanzen die Jahreszeiten und bekommen jeweils ein Chiffontuch (in Hellgrün für den Frühling, Sonnengelb für den Sommer, Braun für den Herbst und Blau für den Winter), mit dem sie sich in die entgegengesetzte Richtung zum Kreis bewegen.

Süßer Frühsommer-Blütenquark

Für 4 Portionen

500 g Quark
Schale von 1 Zitrone
Saft von ½ Zitrone
etwas Tannenspitzenhonig
Wildkräuterblüten, z. B. von Ehrenpreis, Gänseblümchen, Holunder, Löwenzahn, Nachtviole, Rotklee, Taubnessel, Wiesensalbei

Den Quark mit Zitronensaft und -schale mischen, mit dem Tannenspitzenhonig süßen. Pro Kind ein Glasschälchen richten und in dieses zuerst 1 Teelöffel Tannenspitzenhonig füllen, danach die Quarkcreme gleichmäßig darüber verteilen und zum Schluss mit den Wildkräuterblüten bestreuen.

Sommersonnenwende-Küchlein

Für 14 Küchlein

200 g Butter
180 g Zucker
3 Eier
1 Päckchen Vanillezucker
250 g Mehl
¾ Päckchen Backpulver
60 g Haselnüsse, gemahlen
250 g Johannisbeeren

Butter mit dem Zucker, den Eiern und dem Vanillezucker schaumig rühren. Mehl, Backpulver und die gemahlenen Haselnüsse beigeben und gut verrühren. Johannisbeeren dazugeben und alles gut mischen. Den fertigen Teig gleichmäßig auf 14 Muffinförmchen aus Papier verteilen.

Die Küchlein zum Backen am besten in eine Muffinblechform stellen, damit der Teig nicht verläuft. Diese in einen Pfadfinderkochtopf stellen – er sollte 30 cm Durchmesser haben, am Boden mit einer 2 cm dicken Sandschicht bestreut und mit 2 Lagen Backpapier ausgekleidet sein.
Den Deckel des Topfes schließen und die Küchlein in der heißen Glut des Feuers circa 30 Minuten backen. Die Stäbchenprobe machen: Mit einer feinen Stricknadel, einem Metallspieß oder Holzstäbchen in der Mitte des Küchleins einstechen. Klebt beim Herausziehen noch Teig daran, müssen die Küchlein noch einige Minuten länger gebacken werden.

Tipp: Bei weiteren Backgängen verkürzt sich die Backzeit um 5 Minuten, da der Sand bereits heiß ist.

Die Küchlein werden in der Glut gebacken.

Sie schmecken sehr fruchtig.

Sommersonnenwende-Zucchinikuchen

Für 4–6 Portionen

Etwas Butter
250 g Blätterteig
5 EL Paniermehl
1 Glas Tomatensauce, selbst gemacht oder gekauft (ca. 200 g)
Pizzagewürz
¼ mittelgroße Zucchini
¼ Paprika
50 g Fetakäse
einige Ringelblumen

Ein rundes Kuchenblech von 28 cm Durchmesser mit Butter ausreiben. Den Blätterteig rund ausrollen und auf das Blech legen. Blätterteigboden mit einer Gabel mehrmals einstechen. Paniermehl gleichmäßig auf dem Teig verteilen. Tomatensauce auf dem Boden verstreichen und Pizzagewürz darüberstreuen. Zucchini in dünne Scheiben schneiden und auf der Tomatensauce gleichmäßig verteilen. Paprika in schmale Streifen schneiden und strahlenförmig auf dem Kuchen anordnen. Fetakäse mit einer Gabel zerdrücken und gleichmäßig über dem Gemüse verteilen.
Den Kuchen in einen Pfadfinderkochtopf stellen – dieser sollte 30 cm Durchmesser haben, am Boden mit einer 2 cm dicken Sandschicht bestreut und mit 2 Lagen Backpapier ausgekleidet sein. Deckel schließen und den Kuchen circa 30 Minuten im Topf backen. Den fertigen Kuchen mit den ausgezupften Ringelblumen-Blütenblättern bestreuen.

Sommersonnenwende-Tee

Quellwasser oder Leitungswasser
einige essbare Blüten, z. B. von Duftrose (Rose de Resht, unbehandelt), Ringelblume, Malve, Kapuzinerkresse, Klatschmohn, Königskerze, Schafgarbe, Natternkopf
einige Beeren, z. B. Himbeeren, Walderdbeeren oder Brombeeren
1 Bergkristall, wenn vorhanden

Eine Glasschale oder Vase mit Wasser füllen, Blüten, Beeren und Kristall hineinlegen. Die Blüten mehrere Stunden an der Sonne oder über Nacht im Wasser ziehen lassen. Danach ist der Sommersonnenwende-Tee trinkbereit. Er muss nicht gefiltert werden. Wer mag, kann die Blüten und Beeren mitessen.

Hinweis: Dieser Tee ist etwas ganz Besonderes. Sein sehr mildes und feines Aroma variiert je nach verwendeten Pflanzen und Beeren. Er schmeckt jedes Mal wieder anders und ist außerdem schön anzusehen.

Brennnessel

Urtica dioica L. (Große Brennnessel) und Urtica urens L. (Kleine Brennnessel)

Die Brennnessel steht für Aggression, Willen, Selbstüberwindung und Zentriertheit. Wer sie pflücken will, muss seine ganze Aufmerksamkeit auf diese Tätigkeit richten. Lässt man beim Pflücken seinen Gedanken freien Lauf und ist nicht vollständig im Augenblick präsent, holt einen die Brennnessel sofort in die Gegenwart zurück. Sie zeigt uns, wo wir auf eine gute und gesunde Art in unserem Leben aggressiv sein und uns durchsetzen müssen. Die ungehemmte Energie der Aggression hilft uns, Altes abzulegen, Verbrauchtes loszulassen und Kraftloses zu verabschieden.

Botanik

Brennnesselpflanzen wachsen fast überall auf der Welt, bis hinauf in Bergregionen, und sind jedem Kind bekannt. An Stellen, an denen viele Brennnesseln wachsen, ist der Boden oft sehr stickstoffhaltig. Der Stängel der Brennnessel ist meist kantig und die ganze Pflanze ist mit Brennhaaren übersät.

In der Botanik wird zwischen der Großen und der Kleinen Brennnessel unterschieden. Auf Lateinisch heißt die Große Brennnessel »Urtica dioica«; »dioica« bedeutet »zweihäusig«, es gibt also sowohl weibliche als auch männliche Pflanzen.

Viele Insekten lieben Brennnesseln und leben auf beziehungsweise von der Pflanze, darunter auch viele verschiedene Schmetterlingsarten, die ihre Eier auf Brennnesselpflanzen ablegen, damit ihre Raupen dort Nahrung finden.

Die Brennhaare der Brennnessel sind gefürchtet.

Der Kleine Fuchs ernährt sich als Raupe von der Brennnessel.

Gut zu wissen: Wie erkenne ich die Brennnessel?

Die Blätter und Stängel der Pflanze sind mit vielen feinen, spitzen Haaren besetzt, die innen hohl sind. Am Ende eines jeden Haares befindet sich ein Kügelchen, das bei der geringsten Berührung abbricht. So entsteht eine sehr scharfe Kanüle, die in die Haut eindringt und diese verletzt. Nun kann das Nesselgift der Brennhaare ungehindert in die Haut eindringen und der bekannte Brenneffekt wird spürbar. Die Kleine Brennnessel brennt deutlich intensiver als die Große Brennnessel.

Verwechslungsmöglichkeiten: Brennnesseln können mit anderen Nesselarten verwechselt werden, zum Beispiel mit der Taubnessel, die botanisch gesehen nicht mit der Brennnessel verwandt ist. Diese ist ebenfalls essbar.

Tipp: Wer sich an einer Brennnessel verbrannt hat, sollte nach Breit- oder Spitzwegerich Ausschau halten, die meist nicht weit entfernt von den Brennnesseln wachsen. Die Wegerichblätter zwischen den Händen zerreiben, bis der Pflanzensaft austritt. Diesen zur Linderung auf die gereizte Hautpartie auftragen (siehe auch Wegerich, Seite 76.)

Traditionen und Mythen

Das Wort »Nessel« ist sehr alt und soll auf das althochdeutsche »nezzila« zurückgehen, das mit dem Wort »Netz« verwandt ist.

Schon seit vielen Generationen wird die Brennnessel auf unterschiedliche Weise von den Menschen genutzt. Man aß sie in Notzeiten als Gemüse und auch als Heilpflanze besitzt sie eine lange Anwendungstradition. Bis Anfang des 20. Jahrhunderts stellte man aus den Stängeln der Brennnessel Seile, Nesselgarn, Nesselfäden und Nesselstoff her. Früher fertigte man aus den Fasern auch Fischernetze.

Zudem spielt die Brennnessel eine Rolle im Aber- und Wunderglauben. Hier einige Beispiele:

- Wer sich vor Geldnot schützen will, muss am Gründonnerstag Brennnesseln essen.
- Wer frei von Furcht und bei Verstand bleiben will, muss fünf Nesselblätter in der Hand halten (sicher ein lohnenswerter Versuch ...).
- Wer gegen Elfen- und Nixenzauber gefeit sein will, muss am Johannitag (21. Juni) Brennnesselpfannkuchen essen.
- Die Germanen sollen die Brennnessel als Kraut gegen Blitze benutzt haben. Sie warfen einen Kranz aus Brennnesseln übers Hausdach, um zu verhindern, dass der Blitz einschlug und alles in Brand setzte.
- Verliebte Jünglinge streuten ihrer Angebeteten Brennnesselsamen ins Haar, um ihre Gunst zu erlangen.

In verschiedenen Märchen kommen Brennnesseln vor: In Hans Christian Andersens »Die wilden Schwäne« muss Elsa sieben Hemden aus (Brenn-) Nesseln anfertigen, um damit ihre Brüder zu erlösen.

Auch im Märchen »Jungfrau Maleen« von den Gebrüdern Grimm spielt die Brennnessel eine Rolle. Nachdem die schöne Königstochter Maleen und ihre Dienerin sich nach siebenjähriger Gefangenschaft aus dem Turmgefängnis befreit haben, ernähren und stärken sie sich als Erstes von einer Brennnesselpflanze, die im weiteren Verlauf des Märchens an Bedeutung gewinnt.

Ernten/sammeln: Wo, was und wann?

Brennnesseln wachsen an Waldrändern, in Feuchtgebieten, auf Wiesen, Schuttplätzen, an Böschungen und an vielen weiteren Orten. Vom Frühling an findet man sie das ganze Jahr über.

Blattspitzen: Lassen sich das ganze Jahr über sammeln, da Brennnesseln immer wieder nachwach-

sen. Die höchste Konzentration an wertvollen Inhaltsstoffen hat die Pflanze während ihrer Blütezeit.
Samen der weiblichen Pflanzen: von August bis Oktober

Naturapotheke

- *Diuretikum:* Bei Nieren-, Blasen- und rheumatischen Erkrankungen hilft Brennnesselblättertee. Er regt die Ausscheidung über die Nieren und den Stoffwechsel an.
- *Schuppen und Haarausfall:* Bei Haarproblemen sollen Brennnesselshampoos und -haarspülungen gute Dienste leisten. Zum Herstellen einer Haarspülung 1 Esslöffel gewaschene, zerkleinerte Brennnesselwurzeln in ½ Liter kaltem Wasser erhitzen und kurz aufkochen, 2 bis 3 Minuten zugedeckt ziehen lassen, abseihen und auskühlen lassen. Nach der Haarwäsche den Kopf mit diesem Sud einmassieren.
- *Rheumatische Schmerzen:* Das Abklopfen der betroffenen Körperstellen mit Brennnesseln regt die Durchblutung der Haut an und unterstützt dadurch den Heilungsprozess.
- *Ernährung:* Brennnesseln enthalten viele Mineralstoffen, darunter Eisen, das unser Körper sehr gut aufnehmen kann, und viel Vitamin C (25-mal mehr als in kultiviertem Kopfsalat!). Brennnesselsamen enthalten viele wertvolle Inhaltsstoffe und sind wahre Vitamin- und Mineralstoffbomben. Sie können getrocknet über Salate, Quarkgerichte oder das Frühstücksmüsli gestreut werden.
- *Tierfutter:* Hühner legen mehr Eier, wenn ihrem Futter Brennnesselsamen beigegeben werden. Auch Hunden tut die Brennnessel gut: Pulver aus getrocknetem Brennnesselkraut, regelmäßig unters Futter gemischt, verleiht ihnen ein glänzendes Fell und schützt sie wie den Menschen vor rheumatischen Erkrankungen.

Brennnesseln erleben, erforschen, begreifen

Brennnessel

Zwar bist du ein verkanntes Kraut,
doch mancher hat auf dich gebaut
und wurde daraufhin gesund.
Bescheidnes Kraut im Erdenrund,
ein jeder weiß es, der dich kennt,
und hat gefühlt, dein Blatt es brennt!
Nur selten wirst du angefasst
obzwar du so viel Heilkraft hast!
Dein Blatt sich deshalb schützt und wehrt,
damit nur jener es begehrt,
der Rettung braucht in kranken Tagen:
Hut ab vor dir, um Dank zu sagen!
I. K. Frank

Die Brennnessel in Sprichwörtern und Redewendungen

- »Sich in die Nesseln setzen« – sich selbst, meist unbeabsichtigt, in eine unangenehme, missliche Lage bringen.
- »Je fester man eine Nessel anfasst, desto weniger brennt sie« – unangenehme Dinge sollte man anpacken und erledigen, auch wenn es Überwindung kostet.
- »Auch die Nessel ist eine Pflanze, aber man wählt sie nicht zum Tanze« – einer unangenehmen Begegnung geht man lieber aus dem Weg.
- »Etwas zu den Brennnesseln werfen« – unnütz gewordene Dinge entsorgen.

Traumfänger

»Ein Kleid aus Nesseln bleibt stets Meister über alle bösen Geister.« Wir haben ein altes Sprichwort auf unseren Traumfänger mit Brennnesseln übertragen. Ein Traumfänger verbessert dem indianischen Glauben nach den Schlaf: Die guten Träume sollen durch das Netz gehen und die schlechten im Netz hängen bleiben. Beim Erwachen des Tages werden die schlechten Träume durch die Kraft der Morgensonne neutralisiert. Die guten Träume hingegen bleiben bestehen und schenken uns Kraft und neue Visionen für den kommenden Tag.

Garnfaden mit Schlaufen am Weidenring befestigt

Weiterverbinden und Verteilen der Perlen

Einflechten der Brennnesselwurzeln

Material:
1–2 Weidenruten, ca. 60 cm lang
Häkel- oder Stickgarn, 1,5–2 m lang
6 Federn
einige Holzperlen, ca. 1 cm Durchmesser
einige Brennnesselwurzeln (am besten vorsichtig mit Handschuhen ausgraben)

Und so geht's:

1. Aus den Weidenruten einen Ring in der gewünschten Größe biegen, die Ruten dazu ineinander verdrehen.
2. Die Holzperlen auf den Garnfaden auffädeln. Ein Ende des Garnfadens am Ring festknoten. Dann den Faden am Ring entlangführen und nach circa 10 cm als Schlaufe locker über die Vorderseite des Rings legen. Dann das Garn von hinten durch die Schlaufe nach vorne führen und mit Gefühl festziehen, bis sich eine Schlaufe bzw. ein Knoten gebildet hat. Kommt der Faden von links, muss er auch von links hinten nach vorne geführt werden. Diesen Vorgang wiederholen, bis der Ausgangspunkt wieder erreicht ist. Dabei so enden, dass ein halber Abstand übrig bleibt. Die Schlaufen immer schön straff halten. Die Abstände zwischen ihnen sollten möglichst gleich groß sein.
3. In der 2. Reihe werden die Knoten am Faden der 1. Reihe und nicht am Ring selbst angebracht. Die Schlaufen beziehungsweise Knoten sollten sich immer in der Mitte zwischen 2 Knoten aus der Vorreihe befinden. So viele Reihen ergänzen, bis das Netz geschlossen ist. Ist man in der Mitte angelangt, wird der Faden verknotet. Der Mittelknoten kann durch eine Holzperle verdeckt werden.
4. In das fertige Traumfängernetz werden Brennnesselwurzeln hineingeflochten. Zum Schluss kann der Traumfänger mit Federn und weiteren Holzperlen geschmückt werden.

Tipp: Den Traumfänger kann man an einem Elternabend gemeinsam herstellen. Die Kinder bekommen ihn im Lauf des Jahres als Geburtstaggeschenk überreicht.

Kräuterküche

Welche Pflanzenteile werden in der Wildkräuterküche verwendet?
Junge Blattspitzen, Blätter, Samen.

Griechischer Krautsalat mit Brennnesseln

Für 4–8 Portionen (je nach Größe des Kohlkopfs)

1 kleiner Kopf Weißkohl
3 große Tomaten
200 g Fetakäse
1 Handvoll Brennnesselspitzen
1 kleines Glas schwarze Oliven ohne Stein

Sauce:
15 EL Olivenöl
7 EL Kräuteressig
2 EL Zitronensaft
Salz, Pfeffer, Curry, etwas Zucker

Den Kohl waschen, putzen und klein schneiden. Tomaten waschen und in Würfel schneiden. Feta in kleine Würfel schneiden. Brennnesselspitzen fein hacken. Alles miteinander vermischen. Die schwarzen Oliven beigeben. Aus Olivenöl, Essig, Zitronensaft und Gewürzen ein Dressing herstellen. Dieses über den gemischten Salat gießen und gut durchmischen.

Tipp: Damit die frischen Brennnesselblätter im Mund nicht brennen, müssen sie sehr fein geschnitten und mit dem Salat gut vermischt werden.

Brennnesselburger mit Kräuterquark

Für ca. 20 Stück

Burger:
150 g Grünkern- oder Haferflocken
100 g Dinkelmehl
1 Kohlrabi
2 Zwiebeln
3 mittelgroße Karotten
2 kleine Eier
2 Handvoll Brennnesselblätter
je 1 EL Giersch- und Bärlauchblätter
Meersalz, Pfeffer, Koriander, gemahlen
Kokosfett oder Olivenöl

Quark:
einige Bärlauchblätter
500 g Halbfettquark
Salz, Pfeffer

Für die Burger das Gemüse putzen, nach Bedarf schälen und auf der Gemüsereibe fein reiben. Zwiebeln klein schneiden. Alle Zutaten miteinander vermischen, mit den Gewürzen abschmecken und circa 20 kleine Kugeln formen. Diese in wenig Mehl wenden. In einer Pfanne 3 Esslöffel Bratfett erwärmen und die Brennnesselburger gleichmäßig bei geringer Hitze rundum anbraten.

Für den Quark mit dem Nudelholz einige Male über die Brennnesselblätter rollen, damit die Brennhaare ihre Wirkung verlieren. Brennnessel- und Bärlauchblätter mit dem Wiegemesser sehr fein schneiden, dann mit dem Quark und den Gewürzen mischen.

Brennnessel-Fleischspieße

Zutaten pro Kind:

2 braune Champignons
¼ rote Paprika
½ marinierte Hühnerbrust
1–2 vorgekochte (noch etwas feste) Kartoffeln
1–2 Scheiben durchwachsener Speck oder Frühstücksspeck
einige große Brennnesselblätter

Jedes Kind darf nach Lust und Laune seinen eigenen Spieß zusammenstellen. Dafür die Zutaten auf einen Holzspieß aufspießen und immer wieder ein Brennnesselblatt zwischen die anderen Zutaten schieben (Achtung, das brennt ein wenig, am besten ist ein Erwachsener behilflich). Die Spieße auf dem Grill circa 25 Minuten rundum garen.

Tipp: Die vorgekochten Kartoffeln schmecken besonders gut, wenn sie mit einer Scheibe Speck umwickelt werden.

Spiegeleierbrot mit Brennnesselblättern

Zutaten pro Kind:

Etwas Öl
1 Scheibe Vollkornbrot
1 Ei
einige Brennnesselblätter
Kräutersalz

Wenig Öl in die Pfanne geben. Brotscheiben hineinlegen, mit Brennnesselblättern belegen und das Ei darüber aufschlagen. Pfanne auf den Grill stellen und das Brot so lange erwärmen, bis das Eiweiß fest ist. Mit wenig Kräutersalz bestreuen.

Tipp: Mit kleinen Vollkorn-Toastbrotscheiben sehen die Spiegeleierbrote noch schöner aus.

Das fertige Brot kann zusätzlich mit Wildblüten (von Gänseblümchen, Taubnessel, Wiesensalbei) dekoriert werden.

Bratkartoffeln mit Brennnesselspitzen und Rührei

Für 12 Kinder und 3 Erwachsene

- 2 kg festkochende Kartoffeln (Kartoffeln in der Schale vom Vortag)
- 50 ml Olivenöl
- 2 Handvoll Brennnesselspitzen
- 1 Zweig frischer Rosmarin
- 14 Eier
- 200 ml Milch
- 200 ml Rahm (Sahne)
- Salz, Pfeffer, wenig Muskatnuss
- einige Ringelblumenblüten

Die Kartoffeln schälen und in gleich große Würfel schneiden. Das Olivenöl in eine Pfanne geben und die Kartoffeln rundum braten, bis sie schön braun sind. Die Brennnesselspitzen und den Rosmarin mit dem Wiegemesser klein schneiden. Die Eier mit Milch, Rahm, Gewürzen, Brennnesseln und Rosmarin mischen und über die Kartoffeln gießen. Alles noch einige Minuten auf dem Feuer lassen und rühren, bis die Eimasse stockt. Mit Ringelblumenblüten dekorieren.

Das Kochen in der Natur verlangt die ganze Aufmerksamkeit und Konzentration der Kinder, hier beim Kochen der Bratkartoffeln mit Brennnesselspitzen und Rührei.

Brennnesselsamen fürs Müsli
Die im August bis Oktober geernteten Samen der Brennnessel auf einem Teller einige Tage trocknen lassen. Danach in ein verschließbares Marmeladenglas füllen, beschriften und im kühlen Keller lagern. Zur Winterszeit über das Frühstücksmüsli, den Salat oder Nudelgerichte streuen. Ein Vitamin- und Mineralstoffspender mit besonderer Kraft!

Brennnesselchips

100–200 ml Olivenöl
4–5 große Brennnesselblätter (pro Kind)
Kräutersalz

Das Olivenöl in einer Pfanne erhitzen. Die Brennnesselblätter vorsichtig in das heiße Öl legen und kurz frittieren. Herausnehmen und auf Haushaltspapier legen, damit das überschüssige Öl aufgesogen wird. Mit Kräutersalz würzen.

Die Brennnesselblätter werden ins heiße Öl gelegt.

Brennnesselchips – ein feiner und gesunder Snack

Feuerschnecken mit Brennnessel-Bärlauchpesto

Für ca. 18 Stück

Teig:
500 g Ruchmehl (Weizenmehl, Type 1050)
1½ TL Salz
20 g Hefe
20 g Butter
200–300 ml Milchwasser (halb Milch, halb Wasser)

Pesto:
250 g Bärlauchpesto (siehe Seite 25)
2 große Handvoll Brennnesselspitzen

Für den Teig das Mehl in eine Schüssel geben, mit dem Salz vermischen. Die zerbröckelte Hefe, dann die weiche Butter und das Milchwasser dazugeben. Den Teig kneten, bis eine weiche Teigkugel entsteht. Diese zugedeckt mit einem feuchten Küchentuch mindestens 1 Stunde ruhen lassen.

Den Teig zu einem 40 x 42 cm großen Rechteck ausrollen. Das Teigrechteck mit dem Pesto bestreichen, die fein geschnittenen Brennnesseln daraufstreuen und den Teig einrollen. Von der Rolle circa 2 cm dicke Scheiben (insgesamt ca. 18 Stück) abschneiden. Die Schnecken in einen Pfadfinderkochtopf legen – dieser sollte 30 cm Durchmesser haben, am Boden mit einer 2 cm dicken Sandschicht bestreut und mit 2 Lagen Backpapier ausgekleidet sein. Den Deckel schließen und die Schnecken circa 40 Minuten gehen lassen. Anschließend den Topf in die Glut eines heruntergebrannten Feuers stellen und 30 bis 40 Minuten backen.

Kleine Geschenke oder für den Vorrat

Brennnessel-Tapenade

80 g Wildkräuter, z. B. Bärlauchblätter, -knospen und -blüten, Spitzwegerichblätter, Gänseblümchenblüten, Löwenzahnblätter und -blüten, Brennnesselblätter, Gierschblätter
½ kleine Zwiebel
1 Knoblauchzehe, gepresst
100 g Cherrytomaten
8 grüne Oliven ohne Stein
3 EL Olivenöl
2 EL Kräuteressig
Salz, Pfeffer, Koriander, gemahlen

Die Kräuter von den Stielen befreien und mit dem Wiegemesser sehr fein schneiden. Zwiebel, Knoblauch, Tomaten und Oliven in kleine Würfel schneiden. Alle Zutaten miteinander mischen und mit Olivenöl, Kräuteressig, Salz, Pfeffer und Koriander abschmecken. Mit Löwenzahnblütenblättern bestreuen.

Tipp: Diese Tapenade eignet sich als Aufstrich für geröstetes Brot oder Cracker.

Brennnesselseife

Für 1 große oder 3 kleine Seifen

2 Handvoll getrocknete Brennnesselblätter (Menge je nach gewünschter Farbintensität)
80 g weiße, unparfümierte Seifenflocken
1 TL Mandelöl
20 Tropfen ätherisches Zitronenöl
3 EL heißes Wasser

Die Brennnesselblätter im Mörser zu einem feinen Pulver (2 EL) zerstoßen; die Pflanzenstiele entfernen. Die Seifenflocken in eine Schüssel füllen und die pulverisierten Brennnesselblätter dazugeben. Das Mandelöl in ein kleines Glas füllen und mit dem Zitronenöl vermischen. Die Mischung zu den Seifenflocken geben. Heißes Wasser hinzufügen, bis die Masse bindet. Alles gut vermischen und anschließend aus der Masse Kugeln formen. Diese mindestens 6 Wochen trocknen lassen.

Tipps: Die Seife nutzt sich weniger schnell ab, wenn sie gut gelagert und richtig ausgehärtet ist. Vor dem Trocknen kann eine hübsche Kordel oder ein Seidenband zum Aufhängen eingearbeitet werden.

Gänseblümchen

Bellis perennis L.

Das Gänseblümchen bringt uns unbeschwerte Kindertage in Erinnerung. So klein und schlicht sie sind – Gänseblümchen besitzen eine große Lebensenergie und sind wahre »Stehaufmännchen«: Wenn wir sie beim Rasenmähen regelmäßig abschneiden, wachsen sie wieder nach und erblühen aufs Neue. Das Gänseblümchen verziert die unterschiedlichsten Speisen, egal ob süß oder salzig, und ist beim Kochen vielseitig einsetzbar.

Botanik

Das Gänseblümchen ist mehrjährig und wird 10 bis 15 cm hoch. Es gehört der Pflanzenfamilie der Korbblütler an. Die Blüten des Gänseblümchens schließen sich nachts und bei Regen. Seine Blätter bilden am Boden eine Grundrosette, aus der Stiel und Blüte der Blume wachsen.

Gut zu wissen: Wie erkenne ich Gänseblümchen?

Wenn man genau hinschaut, erkennt man, dass die »Blüte« des Gänseblümchens ein ganzer Korb mit vielen Einzelblüten ist. Die äußeren, weißen Blüten heißen Zungenblüten, die gelben, inneren sind die Röhrenblüten.

Verwechslungsmöglichkeiten: Gänseblümchen können mit kleinwüchsigen Margeriten verwechselt werden. Diese wachsen jedoch vor allem in den Bergen und haben weiß-gelbe bis rosafarbene oder violett-gelbe Blüten. Sie alle gehören zu den Asternarten und sind grundsätzlich essbar.

Traditionen und Mythen

Da das Gänseblümchen weitverbreitet ist, trägt es viele verschiedene Namen, zum Beispiel Tausendschön, Liebesblume, Geißblüemli, Maßliebchen, Rekrutenröseli und Zeitlosenkraut. Den Namen Gänseblümchen verdankt die Pflanze ihrem Standort: Früher war sie häufig auf Gänseweiden zu finden.

Gänseblümchen waren in früheren Zeiten Ostara, der germanischen Frühlingsgöttin, und Freya, der nordgermanischen Liebesgöttin, geweiht.

Die Blume gilt als Symbol der immerwährenden Mutterliebe, weil sie am Abend den Blütenkranz schützend über dem Blütenkorb schließt. Das Gänseblümchen steht symbolisch auch für Reinheit und kindliche Unschuld.

Litt ein Kind früher an einem Fieberkrampf, legte man ihm einen Gänseblümchenkranz unters Kopfkissen und hoffte auf Heilung.

Ernten/sammeln: Wo, was und wann?

Das Gänseblümchen wächst fast überall in Mitteleuropa auf nährstoffreichen Böden.
Knospen: vor der Blüte ab Februar
Blüten und Blätter: von Februar bis November, bei milder Witterung auch im Winter

Naturapotheke

- *Tee:* Gänseblümchentee wird bei Appetitlosigkeit, zur Anregung des Stoffwechsels, als Magen-, Galle- und Lebermittel, bei Husten und unreiner Haut getrunken. Zudem wird ihm eine wundheilende, auswurffördernde und leicht abführende Wirkung zugeschrieben. Bei unreiner Haut wirken Waschungen und Gesichtsdampfbäder mit Gänseblümchentee entzündungshemmend. Mit einem starken Teeaufguss aus frischen Blüten getränkte Umschläge, die auf die betroffenen Körperstellen aufgelegt werden, bringen bei Quetschungen, Prellungen und Blutergüssen Linderung.
- *Heilöl:* Bei stumpfen Verletzungen hilft auch ein Heilöl aus Gänseblümchenblüten, das entsprechend wie das Spitzwegerich-Heilöl hergestellt wird (Rezept siehe Seite 86).
- *Insektenstiche:* Ein in den Händen zerriebenes Gänseblümchenblatt wirkt dank seiner entzündungshemmenden, abschwellenden und schmerzlindernden Eigenschaften als Wundauflage bei Insektenstichen und kleinen Schürfungen lindernd.
- *Ernährung:* Gänseblümchenblüten und -blätter enthalten wie alle Wildkräuter viele Vitamine und Mineralstoffe. Die geschlossenen Blütenknospen können in einen milden Gewürzessig eingelegt (siehe Seite 176) und als »einheimische Kapern« genossen werden.

Große Aufmerksamkeit beim Erschmecken der essbaren Früchte und Blüten. Manchmal reicht das Ertasten schon aus, um das Rätsel zu lösen.

Gänseblümchen erleben, erforschen, begreifen

Sinnesspiel

Wir zeigen den Kindern fünf verschiedene essbare Blüten (z. B. Gänseblümchen-, Rosen-, Spitzwegerich-, Ringelblumen- und Löwenzahnblüten) und 5 verschiedene Früchte (z. B. Himbeere, Walderdbeere, Johannisbeere, Heidelbeere, Kirschen). Danach verbinden wir ihnen die Augen. Nun beginnt das Spiel. Reihum dürfen die Kinder die Blüten und Früchte probieren und herausfinden, um welche Blüte oder welche Frucht es sich handelt. Wer zuerst weiß, was er im Mund hat, darf laut rufen und es den anderen Kindern mitteilen. Zum Schluss des Spiels schauen wir uns alle Pflanzenteile noch einmal an. Mit diesem Spiel verinnerlichen die Kinder den Geschmack der Blüte und erinnern sich später gut an die verkosteten Pflanzen und Beeren.

Das große Fest der kleinen Zwerge – Inspirationen für den Kindergarten

- Wir erzählen den Kindern ein passendes Zwergenmärchen.
- Die Kinder können die Tätigkeiten der Zwerge nachahmen, es gibt also jede Menge zu tun, wenn die Geschichte über Wochen hinweg als Rahmenthema dienen soll: zum Beispiel Kräuter sammeln, die erwähnten Rezepte ausprobieren, Rindenschiffe basteln und schwimmen lassen, Lampions basteln.
- Das Wissen über die genannten Kräuter, über ihre Wirkung als Arznei und die Verwendung als Gewürze kann vertieft werden.
- Im Märchen wird gesungen, erzählt, gereimt und getanzt – es bietet sich an, dies mit den Kindern nachzuspielen.
- Das Märchen enthält soziale Aspekte, über die mit den Kindern gesprochen werden kann: Die Zwerge helfen einander, jeder hat seine Eigenarten und Stärken, man freut sich und feiert am Schluss gemeinsam.
- Den Kindern soll deutlich werden, dass auch sie alle einen wertvollen Beitrag zum Ganzen, hier also etwa zu dem Fest, das sie gemeinsam vorbereiten, leisten, jedes mit seiner Eigenart, seinen Ideen und Stärken.

Kräuterküche

Welche Pflanzenteile werden in der Wildkräuterküche verwendet?
Blüten, Blätter, Knospen.

Erdbeeren mit Gänseblümchen und Holunderblütensirup

Für 4–5 Portionen oder 2 große Schleckmäuler

500 g Erdbeeren
4 EL Holunderblütensirup (siehe Seite 180)
einige Gänseblümchen

Erdbeeren waschen, Stielansätze abzupfen und vierteln. Mit dem Holunderblütensirup übergießen und ½ Stunde ziehen lassen. Mit Gänseblümchen bestreuen.

Zitronen-Joghurtcreme

Für 4 Portionen

3 Becher Naturjoghurt à 180 g
125 g Quark
Schale, Zesten und etwas Saft von 1 Zitrone
Löwenzahnblütenhonig (siehe Seite 179)
einige Gänseblümchen

Joghurt, Quark, Zitronensaft, Zitronenschale und Löwenzahnhonig vermischen. Mit Gänseblümchen und Zitronenzesten dekorieren.

Tipp: Wer möchte, kann dieses erfrischende Sommerdessert mit Früchten verfeinern.

Apfelpfannkuchen mit Puderzucker

Für 4–5 Portionen

125 g Halbweißmehl (Weizenmehl, Type 630)
125 g Weißmehl (Weizenmehl, Type 405)
300 ml Milch
2 Eier
½ TL Salz
3 säuerliche Äpfel
Butter
Puderzucker
Gänseblümchen

Mehl, Milch, Eier und Salz zu einem glatten Teig verrühren. Diesen ½ Stunde ruhen lassen.

Äpfel schälen, das Kerngehäuse ausstechen und die Früchte in circa 3 mm dicke Scheiben schneiden. In einer Pfanne etwas Butter schmelzen, 2 kleine Schöpflöffel Teig hineingeben und die Apfelscheiben darauf verteilen. Nun den Pfannkuchen von beiden Seiten goldbraun backen. Mit Puderzucker und vielen Gänseblümchen bestreuen.

Birchermüsli mit Gänseblümchen

Für 4–6 Portionen

100 g Haferflocken
2 Becher Naturjoghurt à 180 g
2 kleine Bananen
1 großer Apfel
1 Tasse Johannisbeeren, Heidelbeeren, Walderdbeeren, gemischt
Löwenzahnblütenhonig (siehe Seite 179) oder Birnel (Birnendicksaft)
einige Gänseblümchenköpfe
etwas Milch oder Rahm (Sahne)

Haferflocken in eine Schüssel füllen und Joghurt dazugeben. Bananen schälen, in dünne Scheiben schneiden und beigeben. Apfel vom Kerngehäuse befreien, klein schneiden und ebenfalls in die Schüssel geben. Dann die Beeren unter die Haferflocken mischen und nach Geschmack mit Löwenzahnhonig oder Birnendicksaft süßen. Das Birchermüsli mindestens ½ Stunde quellen lassen, dann mit Gänseblümchen dekorieren. Wenn nötig, etwas Milch oder Rahm hinzufügen.

Tipp: Dieses Müsli ist ein gesundes Frühstück oder eine ideale Zwischenmahlzeit nach der Schule. Es kann mit gerösteten Haselnüssen, Sonnenblumenkernen, Rosinen und anderen Trockenfrüchten verfeinert werden.

Gurkentaler

1 große Salatgurke
etwas feines Meersalz
viele verschiedene Blüten, z. B. von Bärlauch, Gänseblümchen, Giersch, Gundelrebe, Knoblauchrauke, Löwenzahn, Ringelblumen, Rotklee, Taubnessel, Wiesensalbei, Quendel

Die Salatgurke in Scheiben schneiden. Diese mit wenig Meersalz bestreuen. Mit den Blüten dekorieren.

Blütenbrötchen

1–2 Toastbrotscheiben (pro Kind)
etwas Butter
viele verschiedene Blüten, z. B. von Löwenzahn, Gänseblümchen, Veilchen, Gundelrebe, Hundsrose, Klatschmohn, Schlüsselblume, Sonnenblume, Nachtkerze, Beinwell

Die Toastbrotscheiben mit wenig Butter bestreichen. Dann beginnt der kreative Teil der Zubereitung: das Verzieren und Belegen der Brote mit verschiedenen Blüten.

Tipps: Die Blütenbrote schmecken am besten, wenn sie ganz frisch sind. Noch gesünder sind sie mit Vollkornbrot anstelle der Toastscheiben. Wer es gerne süß mag, kann die Brote mit etwas Blütenzucker (Rezept Seite 124) bestreuen.

Gefüllter Camembert

1 runder Camembert
2 EL Kräuter, z. B. Gänseblümchen, Liebstöckel, Bärlauch, Spitzwegerich, Zitronenmelisse
2 EL Frischkäse
etwas Salz, Pfeffer, Koriander, gemahlen

Den Camembert horizontal durchschneiden. Aus den fein gehackten Kräutern, dem Frischkäse und den Gewürzen eine streichfähige Paste herstellen. Diese auf die untere Hälfte des Käses streichen. Mit einem Messer glatt streichen. Die andere Hälfte des Käses darauflegen und etwas andrücken.
Den Käse mit Blüten dekorieren.

Tipp: Dieser gefüllte Käse passt gut zu Kartoffeln oder zu frischem Brot.

Kräutermost

700 ml klarer Apfelsaft
1 Zitronenscheibe, 1 cm dick
1 kleine Handvoll Kräuter und Blüten, z. B. unbehandelte Duftrosen, Gänseblümchen, Gundelrebenblüten, Löwenzahn, Majoran, Rosmarin, Spitzwegerich, Taubnesselblüten, Thymian, Veilchenblüten, Zitronenverbene
300 ml Mineralwasser mit Kohlensäure

Apfelsaft in eine Glasflasche (z. B. Milchflasche, 1 l) füllen. Zitronenscheibe, Blüten und Kräuter ebenfalls in die Flasche füllen. Die Flasche verschließen. Einmal gut schütteln und 2 Tage an einem kühlen, dunklen Ort ziehen lassen. Vor dem Servieren das kühle Mineralwasser dazugießen.

Tipp: Besonders fein schmeckt der Kräutermost, wenn man ihm zusätzlich eine kleine Handvoll Walderdbeeren beigibt.

Kleine Geschenke oder für den Vorrat

Gedächtnisöl

1 10-ml-Fläschchen oder 1 leerer Roll-on-Stift (Drogerie)
getrocknete Pflanzen, z. B. Gänseblümchenköpfe, Lavendelrispen, Duftrosenblätter, Rosmarinstängel, Vanillestange, Ringelblumenblütenblätter
ätherische Duftöle, z. B. Basilikum, Lavendel, Mandarine, Minze, Orange, Rose, Rosmarin, Vanille, Zitrone
10 ml Mandelöl

Verschiedene getrocknete Pflanzen inspirieren die Kinder bei der Herstellung des Gedächtnisöls.

In das Fläschchen oder den Roll-on-Stift eine Pflanze hineingeben. Dann 5 bis 10 Tropfen (je nach gewünschter Duftintensität) ätherisches Öl einfüllen. Das Fläschchen mit Mandelöl auffüllen.

Hinweis: Keine synthetischen Duftöle verwenden, da sie die Haut reizen können.

Ätherische Öle und ihre Wirkung

Basilikum: anregend, konzentrationsfördernd, **Lavendel:** beruhigend, **Mandarine:** harmonisierend, ausgleichend, **Minze:** anregend, erfrischend, **Orange:** ausgleichend, erfrischend, **Rose:** harmonisierend, **Rosmarin:** konzentrations- und gedächtnisfördernd, reinigend, **Vanille:** beruhigend, **Zitrone:** erfrischend, belebend

Weitere Rezepte:
Gänseblümchenessig, Seite 175; Blütenhonig, Seite 178

Das Riechen ist unser archaischster und empfindlichster Sinn, dem mit Achtsamkeit und Respekt zu begegnen ist. Vielleicht haben Sie einmal nach vielen Jahren Ihr altes Schulhaus wieder besucht und die altvertrauten Gerüche wahrgenommen – welche Erinnerungen kamen da in Ihnen hoch? Oder wie fühlt es sich an, wenn Sie sich den Geruch ins Gedächtnis rufen, der Ihnen beim letzten Zahnarztbesuch in die Nase stieg? Welche Erinnerungen werden wach, wenn Sie an einem Fichtenzapfen, an einer Duftrose oder an einer Vanillestange schnuppern?
Das Gedächtnisöl funktioniert nach dem gleichen Prinzip. Lernt das Kind zu Hause in einer entspannten und vertrauten Umgebung, in der es sich wohlfühlt, lässt sich dieses Gefühl mithilfe des Gedächtnisöls in die Prüfungssituation mit hineinnehmen. Gedächtnisöl ist ein einfaches Hilfsmittel, um das daheim Gelernte während der Prüfung wieder abrufen zu können. Bevor das Kind zu Hause mit dem Lernen beginnt, streicht es sich etwas Gedächtnisöl auf den Handrücken und schnuppert daran. Steht eine Prüfung bevor, gibt es kurz vor dem Beginn der Klassenarbeit noch einmal etwas Gedächtnisöl auf die Hand und riecht daran. Die Prüfung kann beginnen!

Wegerich

Plantago lanceolata L. (Spitzwegerich)
Plantago major L. (Breitwegerich)
Plantago media L. (Mittelwegerich)
Plantago alpina L. (Alpenwegerich)

In früheren Zeiten war der Wegerich eine sehr bekannte Heilpflanze, dies wusste auch der Schweizer Kräuterpfarrer Johann Künzle (1857–1945). Er schrieb über die Pflanze: »Den Wegerich hat der liebe Gott an alle Wege gestreut, in alle Wiesen und Raine gesetzt, damit wir ihn stets bei der Hand haben, denn er ist unstreitig das erste, beste und häufigste aller Heilkräuter.« Wegerich fördert beispielsweise die Heilung von Schürf- und Schnittwunden und bewirkt gleichzeitig auf einer anderen Ebene, dass man sich nach einer gut überstandenen Verletzung wieder gestärkt für das Leben fühlt.

Botanik

Neben anderen Wegericharten gibt es bei uns den Spitzwegerich, den Breitwegerich, den Mittelwegerich und den Alpenwegerich. Der Spitzwegerich, die heilkräftigste Art, wächst auf Wiesen und Wegen und wird 20 bis 40 cm hoch. Man findet ihn von Europa bis Asien, bis in Höhen von 2000 m.
Zu Beginn des Wachstums sprießen die zarten Blätter des Wegerichs in einer Grundrosette am Boden.

Gut zu wissen: Wie erkenne ich Spitzwegerich?

Den Spitzwegerich erkennt man an seinen langen schmalen Blättern, die an Hasenohren erinnern. Auf der Unterseite des Blattes sind gut fünf Längsrippen erkennbar; wenn man die Blätter quer zerreißt, zeigen sich die feinen fadenähnlichen Blattnerven. Im Jungstadium erscheinen die Blätter als dicht auf dem Boden liegende Blattrosette.
Den Spitzwegerich erkennt man auch an seinem Geruch: Zerreibt man ein Blatt zwischen den Händen, entfaltet sich nach kurzer Zeit ein pilzähnlicher Duft.

Die Blüte des Spitzwegerichs

Der Breitwegerich hat im Gegensatz zum Spitzwegerich größere Blütenköpfe und eher rundliche Blätter, die auf der Unterseite aber ebenfalls Rippen aufweisen.

Verwechslungsmöglichkeiten: Im Prinzip keine, im Jungstadium der Pflanze nur mit anderen Wegericharten, die aber alle ebenfalls essbar sind.

Hinweis: Wegerichpollen können bei empfindlichen Menschen allergische Reaktionen hervorrufen.

Traditionen und Mythen

Im Volksmund trägt der Wegerich viele verschiedene Namen, zum Beispiel: Fünfaderkraut, Hasenohren, Heilkraut, Heufresser, Lungenblatt, Ripplichrut, Wegetritt und Fußsohle des weißen Mannes.
Im deutschen Namen »Wegerich« verbirgt sich das lateinische Wort »rex«, das König und Herrscher bedeutet. Daher wurde die Pflanze früher auch als »Herrscher des Weges« bezeichnet.

Die Bezeichnung »Fußsohle des weißen Mannes« bezieht sich auf die schleimhaltigen Samen, die die europäischen Einwanderer an ihren Schuhsohlen, Wagenrädern und an den Hufen ihrer Pferde nach Amerika brachten. Die Ureinwohner beobachteten, dass überall dort, wo der weiße Mann seine Spuren und Fußabdrücke hinterließ, später Wegerich wuchs.

Im Allgäu heißt der Wegerich auch »Treibaus«, da ein Wegerich-Pflanzenbrei, aufgetragen auf einen Splitter in der Haut, helfen soll diesen »auszutreiben«.

Der Wegerich hat als Heilpflanze in Europa eine lange Tradition. Er wurde bereits während der Pestzeit als Heilkraut verwendet. In einem angelsächsischen Kräutersegensspruch aus dem 11. Jahrhundert wird der Wegerich folgendermaßen beschrieben: »Und du, Wegerich, der Kräuter Mutter, nach Osten geöffnet, im Innern mächtig; über dir knarrten Wagen, über dir weinten Frauen, über dir schrien Bräute, über dir schnaubten Farren (junge Stiere). Allen hast du widerstanden und dich widersetzt; ebenso widerstehe dem Gift und der Ansteckung und dem Übel (Pest), das über Land fährt.«

Der Wegerich wurde im Mittelalter als Orakelpflanze verwendet. Dazu riss man das Blatt entzwei. Anhand der anschließend heraussstehenden Blattnervenfäden las man ab, wie viele Liebhaber, Kinder oder Geburtstagsgeschenke man bekommen würde. Dieses Spiel ist bei den Kindern heute immer noch beliebt.

Trocknen
Die Blätter mit der Schere in 1 cm lange Stücke schneiden und auf einem Rost beziehungsweise Dörrgitter trocknen. Oder auf einen dünnen Faden auffädeln, an einem schattigen Ort trocknen lassen und danach in 1 cm lange Stücke zerschneiden.

Ernten/sammeln: Wo, was und wann?

Auf nicht überdüngten Wiesen und an Wegrändern.
Blätter: von März bis Juni
Blüten: von April bis Juni
Knospen: vor der Blüte
Samenstand: im Sommer und Herbst

Naturapotheke

- *Wundheilmittel:* Wegerichpflanzensaft ist bei kleinen Verletzungen, Insektenstichen, Schürfwunden und bei Hautkontakt mit Brennnesseln eine gute »Soforthilfe«. Dazu werden einige lange Spitzwegerichblätter verknotet; dieses »Pflanzenknäuel« zerreibt man so lange zwischen den Handflächen, bis der Pflanzensaft austritt. Dieser entzündungshemmende und kühlende Pflanzensaft wird auf die betroffene Stelle aufgetragen.

Der kühlende und entzündungshemmende Wegerichpflanzensaft wird auf die geschürfte Haut aufgetragen.

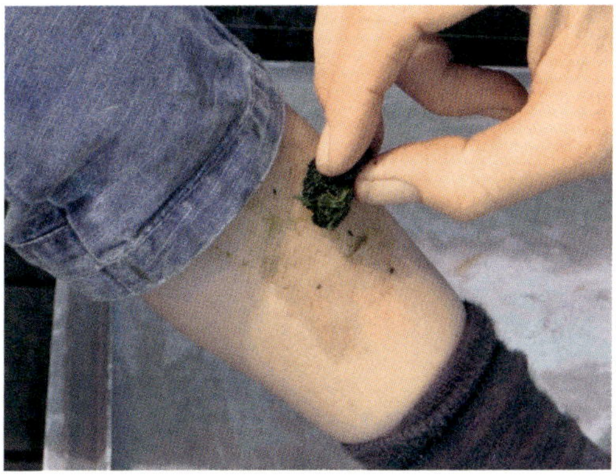

- *Schuheinlage:* Wirkt kühlend bei müden und brennenden Füßen, zum Beispiel während einer Wanderung. Die breiten Blätter des Breitwegerichs werden mit der Oberseite auf die Fußsohle gelegt (Blattstiel vorher entfernen), dann wird die Socke darübergezogen.
- *Sonnenbrand:* Ein abgekühlter, starker Teeaufguss, der auf die betroffenen Hautpartien aufgetupft wird, sorgt für Linderung nach einem zu langen Sonnenbad. Für den Tee 2 Esslöffel frisch geschnittenes Spitzwegerichkraut mit 150 ml kochendem Wasser übergießen und zugedeckt 7 Minuten ziehen lassen.
- *Augenkompresse:* Wirkt wohltuend bei müden und gereizten Augen. 2 Wattepads als Augenkompressen mit lauwarmem Teeaufguss (Herstellung siehe oben) befeuchten und einige Minuten auf die geschlossenen Augen legen.
- *Hustentee:* Bei Reizhusten und Bronchitis wirkt ein Hustentee aus getrocknetem oder frischem Spitzwegerich lindernd. Hierzu 1 Teelöffel getrocknetes oder 2 Teelöffel frisches Spitzwegerichkraut mit 150 ml kochendem Wasser übergießen, zugedeckt 7 Minuten ziehen lassen, durch ein Teesieb abgießen und eventuell mit etwas Honig süßen. Mehrmals am Tag eine Tasse frisch zubereiteten Tee trinken.
- *Hustenhonig:* Gegen Husten hilft auch eine Mischung aus frischen Spitzwegerichblättern und Akazienhonig, ein sogenannter Erdkammerhonig (Rezept siehe Seite 177).
- *Heilöl:* Hilft bei schlecht heilenden Wunden und bei Husten. Das Öl ist zudem die Basis für einen Brustbalsam, der bei Husten und Erkältungen angewendet wird (Rezepte siehe Seite 86).
- *Ohrenschmerzen:* Bei leichten Ohrenschmerzen sorgen die Blattnerven des Breitwegerichs für Linderung. Dazu die Blattnerven des Breitwegerichs vorsichtig aus dem Blatt lösen, zu einem kleinen Knäuel drehen und dieses in das schmerzende Ohr schieben. Wenn das Blattnervenknäuel nach einiger Zeit schwarz ist, dieses durch ein neues Knäuel ersetzen. So oft wiederholen, bis die Blattnerven grün bleiben.
- *Verstopfung:* Die Samen des Wegerichs wirken abführend und quellend. Bei Verdauungsproblemen kann 1 Teelöffel Samen mit 2 bis 3 Gläsern Wasser eingenommen werden.

Wegerich erleben, erforschen, begreifen

Blätter-Findespiel

Beim Blätter-Findespiel lernen die Kinder schnell und spielerisch die Blätter verschiedener Pflanzen kennen.
Für dieses Spiel haben wir Blätter von folgenden Pflanzen gesammelt:
Ahorn
Breitwegerich
Brennnessel
Buche
Efeu
Gundelrebe
Haselnuss
Himbeere
Kastanie
Linde
Löwenzahn
Schafgarbe
Spitzwegerich
Walderdbeere
Weide

Und so geht's:

Auf einem Spaziergang mit den Kindern sammeln wir viele verschiedene Blätter und zeigen den Kindern anschließend jedes einzelne Blatt genau. Wir erklären ihnen, zu welchem Baum beziehungsweise zu welcher Pflanze das Blatt gehört, und erzählen etwas über die Besonderheiten der Pflanze. Danach werden die Blätter in ein Tuch gelegt. Nun darf jedes Kind der Reihe nach ein Blatt herausziehen. Anschließend suchen die Kinder so schnell wie möglich das Blatt in der Natur. Wer als Erster das Blatt gefunden hat, kann es behalten. Gewinner des Spiels ist das Kind, das am meisten Blätter gefunden hat. Am Schluss des Spiels werden alle Blätter nochmals angeschaut.

Tipp: Beim Spielen mit kleineren Kinder genügt es, Blätter von 3 bis 5 unterschiedlichen Pflanzen zu sammeln.

Rätsel: Wie heißt diese Pflanze?

Du stehst am Weg,
spitze Blätter trägt dein Kleid,
sie sehen aus wie Hasenohren,
den Husten vertreibt's
und auch zum Orakeln bist du bereit.
Wer bist du?

Der Wegerich in Sprüchen und Sprichwörtern

- Zwar unscheinbar sind meine Blätter, doch umso größer meine Kraft.
  Verwerft im Leben nie das Kleine, weil auch das Kleine Großes schafft!
- Iss Wegerich, spitz oder breit,
  so kriegst du keinen Husten, wenn es schneit.

Kräuterküche

Welche Pflanzenteile werden in der Wildkräuterküche verwendet?
Junge Blätter, Knospen vor der Blüte.

Blätter von links oben nach rechts unten: Ahorn, Weide, Linde, Haselnuss, Buche, Kastanie, Himbeere, Efeu, Walderdbeere (oben), Gundelrebe (unten), Spitzwegerich, Löwenzahn, Schafgarbe, Breitwegerich und Brennnessel

Minestrone mit Spitzwegerichblättern

Für 8 Portionen

100 g getrocknete weiße Bohnen
200 g Kartoffeln
200 g Karotten
1 Stange Lauch
100 g Sellerie
½ Kopf Wirsingkohl
100 g Speckwürfel
1 Zwiebel
2 Knoblauchzehen
3 l Gemüsebrühe
600 g Tomaten aus der Dose
5 EL Makkaroni
Salz
1 Handvoll junge Spitzwegerichblätter
200 g geriebener Käse

Bohnen über Nacht in kaltem Wasser einweichen.

Gemüse und Kartoffeln waschen, schälen und klein schneiden. In eine Schüssel geben und beiseitestellen. Speckwürfel mit der klein geschnittenen Zwiebel und dem Knoblauch in einem großen Topf einige Minuten andünsten. Gemüse dazugeben und einige Minuten mitdünsten, dann mit der Brühe ablöschen. Die abgetropften Bohnen und die Tomaten beigeben und alles 40 bis 50 Minuten auf kleiner Flamme köcheln lassen, bis die Bohnen weich sind. In den letzten 15 Minuten die Makkaroni mitkochen, bis diese ebenfalls gar sind. Die Suppe mit Salz abschmecken und auf Teller verteilen. Die Spitzwegerichblätter sehr fein schneiden und mit dem geriebenen Käse über die Suppe geben.

Viele Hände helfen bei der Zubereitung der Minestrone.

Speck-Spitzwegerich-Brötchen aus dem Dutch-Oven

Frühlingssuppe mit Spitzwegerich

Für 4–5 Portionen

100 g Lauch
1 große Kartoffel
4 EL Olivenöl
1 l Gemüsebrühe
200 ml Rahm (Sahne)
3 TL Mehl
Salz, Pfeffer
1 große Handvoll Spitzwegerich

Lauch waschen und klein schneiden. Kartoffel schälen und fein würfeln. Beides in Olivenöl andünsten. Mit der Gemüsebrühe ablöschen und das Gemüse weich kochen. Rahm und das in etwas Wasser aufgelöste Mehl beifügen und nochmals kurz aufkochen lassen. Mit Salz und Pfeffer abschmecken. Zum Schluss die fein gehackten Kräuter beigeben.

Tipp: Statt Spitzwegerich können auch andere Wildkräuter verwendet werden, wie z.B. Brennnesseln, Schafgarbe, Giersch, Gundermann, Löwenzahn, Taubnessel, Gänseblümchen oder eine beliebige Mischung davon.

Würzige Speck-Spitzwegerich-Brötchen aus dem Dutch Oven

Für ca. 15 Brötchen

15 junge Spitzwegerichblätter
1 EL frische (im Winter getrocknete) Mittelmeerkräuter, z. B. Majoran, Thymian, Rosmarin, Estragon
1 kleine Zwiebel
100 g Speckwürfel
500 g Halbweißmehl (Weizenmehl, Type 630)
1½ TL Salz
20 g Hefe
222–250 ml Wasser
Maisgrieß

Die Spitzwegerichblätter und die Kräuter klein schneiden und beiseitestellen. Die Zwiebel fein würfeln, mit den Speckwürfeln in einer Pfanne andünsten und beiseitestellen. Mehl und Salz in einer Schüssel vermischen. Die Hefe dazubröseln. Lauwarmes Wasser beifügen und alles gut verkneten. Spitzwegerichblätter und Kräuter dazugeben. Zwiebel und Speckwürfel beifügen, alles nochmals gut kneten. Den fertigen Teig in einer Schüssel, zugedeckt mit einem feuchten Küchentuch, 1 Stunde gehen lassen.

Dann Brötchen formen und in den gut eingefetteten, mit Maisgrieß ausgestreuten Dutch Oven (siehe Seite 186) legen. Diesen mit geschlossenem Deckel in die Glut eines Feuers stellen und die Brötchen etwa 40 Minuten backen (das Feuer kontrollieren, damit die Brötchen unten nicht anbrennen).

Gefüllte Breitwegerichröllchen mit buntem Reis

Für 4–5 Portionen

200 g Basmatireis, gekocht
¼ rote Paprika
5 EL Maiskörner aus der Dose
1 Ei
3 EL Parmesan
Pfeffer, Salz
15 große Breitwegerichblätter
4–5 EL Butterschmalz (Bratbutter)

Den am Vortag gekochten Reis mit der gewürfelten Paprika, den Maiskörnern, dem verquirlten Ei, dem geriebenen Parmesan und den Gewürzen mischen. Die Breitwegerichblätter waschen und auf einem Haushaltspapier zum Trocknen auslegen. Die Blätter mit je 1 Esslöffel Reismischung füllen. Die Wegerichblätter aufrollen und mit Zahnstochern feststecken. Die Röllchen in einer Pfanne in Butterschmalz rundum goldbraun braten.

Frittierte Frischkäsestrudel mit Spitzwegerichblättern

Für ca. 30 kleine oder 15 mittelgroße Strudel

Teig:

425 g Weißmehl (Weizenmehl, Type 405)
1/8 l Wasser
5 EL Olivenöl
4 EL Butter
5 EL Milch
1 TL feines Meersalz

Füllung:

500 g Frischkäse
Pfeffer, etwas feines Meersalz
1 Ei
1 Handvoll Spitzwegerichblätter, fein geschnitten
1 Knoblauchzehe, gepresst
50 g geriebener Parmesan
50 g roher Schinken, fein geschnitten

Sonnenblumenöl zum Braten

Aus Mehl, lauwarmem Wasser, Öl, weicher Butter, Milch und Salz einen geschmeidigen Strudelteig herstellen (er darf nicht kleben). Den Teig mindestens 1 Stunde ruhen lassen oder am Vortag zubereiten.
Aus dem Frischkäse und allen weiteren Zutaten eine Füllung herstellen.
Den Teig in 30 gleich große Kugeln teilen und diese jeweils sehr dünn (auf ca. 10 x 12 cm) ausrollen. Die Frischkäsefüllung gleichmäßig auf die 30 Teigstücke verteilen und diese zu kleinen Strudeln aufrollen.
Diese auf ein Blech legen. In einer Pfanne Sonnenblumenöl erwärmen und die Strudel von allen Seiten goldbraun braten.

Tipp: Die Frischkäsestrudel können zu Hause vorbereitet und anschließend tiefgekühlt werden. Für ein Picknick im Wald kann man sie gefroren mitnehmen und dann über einem kleinem Feuer in einem Pfadfinderkochtopf oder in einer Pfanne circa 15 Minuten in Öl braten.

Spitzwegerich-Marmorkuchen

Teig:

2 große Handvoll junge Spitzwegerichblätter
4 Eier
160 g Butter
200 g weißer Zucker
½ Päckchen Vanillezucker
50 ml Milch
300 g Weißmehl (Weizenmehl, Type 405)
3 TL phosphatfreies Backpulver
Schale und Saft von 1 Zitrone

Glasur:

6 EL Puderzucker
Saft von ½ Zitrone

Die Gugelhupfform (21 cm Durchmesser) mit weicher Butter einpinseln und mit wenig Mehl bestäuben.

Die sehr fein geschnittenen Spitzwegerichblätter in einem kleinen Topf mit wenig Wasser 2 bis 3 Minuten weich kochen. Den Spitzwegerichbrei durch ein Teesieb abgießen (ergibt ca. 3 bis 4 EL Pflanzenmasse).

Eier, sehr weiche Butter, Zucker und Vanillezucker schaumig schlagen. Die lauwarme Milch beigeben. Das Mehl mit dem Backpulver mischen und ebenfalls dazugeben. Den Teig in 2 Portionen teilen, eine davon in die Gugelhupfform füllen. Unter die andere Teighälfte die Spitzwegerichmasse, die abgeriebene Zitronenschale und den Zitronensaft rühren und ebenfalls in die Form füllen. Eine Gabel durch die beiden Teigmassen ziehen, sodass ein Marmormuster entsteht.

Der Kuchen ist bereit zum Backen. Unten links die Stäbchenprobe.

Die Gugelhupfform in einen Pfadfinderkochtopf stellen – dieser sollte 30 cm Durchmesser haben und am Boden mit einer 2 cm dicken Sandschicht bestreut sein. Den Topf mit geschlossenem Deckel in die Glut eines Feuers stellen. Den Kuchen darin etwa 40 Minuten backen. Mit einer feinen Stricknadel, Metallspieß oder Holzspieß die Stäbchenprobe machen: Das Stäbchen in der Mitte des Kuchens einstechen. Klebt beim Herausziehen noch Teig an der Nadel, muss der Kuchen einige Minuten länger gebacken werden. Den Topf aus dem Feuer nehmen. Die Kuchenform herausnehmen und auskühlen lassen. Danach den Kuchen auf einen Teller stürzen.

Die Zutaten für die Glasur miteinander verrühren, bis sich der Puderzucker aufgelöst hat. Den fertigen Kuchen mit der Zitronenglasur bepinseln.

Mit Zitronensaft und Puderzucker wird der Kuchen glasiert.

Kleine Geschenke oder für den Vorrat

Spitzwegerich-Heilöl

2 Handvoll junge Spitzwegerichblätter
½ l Olivenöl

Spitzwegerichblätter waschen, mit der Schere in 1 cm lange Stücke schneiden und ein leeres Marmeladenglas bis zur Hälfte mit den klein geschnittenen Blättern füllen. Mit Olivenöl übergießen. Die Blätter sollen fingerdick mit dem Öl bedeckt sein. Das Glas, abgedeckt mit Gaze oder Haushaltspapier (sodass Feuchtigkeit austreten kann), 5 Tage an einem warmen Ort stehen lassen. Danach das Glas gut verschließen und weitere 4 Wochen ziehen lassen. Die Mischung täglich etwas schütteln, damit die Inhaltsstoffe des Spitzwegerichs ins Öl übergehen. Dann abfiltern und das Heilöl in kleine, dunkle Flaschen abfüllen.

Tipp: Das Heilöl ist im kühlen Keller ein Jahr lang haltbar und kann als Basis für den Bronchialbalsam (siehe unten) verwendet werden.

Spitzwegerich-Bronchialbalsam

10 g ungebleichtes Bienenwachs
100 ml Spitzwegerichölauszug (siehe oben)
5–10 Tropfen ätherisches Thymianöl
5–10 Tropfen ätherisches Fichten-nadelöl
5–10 Tropfen ätherisches Lavendelöl

Das Bienenwachs zusammen mit dem Spitzwegerichölauszug in einem Glasgefäß im Wasserbad unter Rühren schmelzen. Wenn die Masse schon etwas abgekühlt, jedoch noch nicht ganz ausgehärtet ist, die ätherischen Öle beigeben. Den noch flüssigen Balsam in kleine Gefäße abfüllen.

Tipp: Die Dosierung der ätherischen Öle richtet sich nach der gewünschten Intensität des Balsams. Für kleine Kinder die ätherischen Öle sparsam dosieren. Haltbarkeit: Der Balsam hält sich im kühlen Keller mehrere Jahre.

Weitere Rezepte:
Erdkammerhonig mit Spitzwegerich, Seite 177; Spritziger Spitzwegerich-Gundermann-Sirup, Seite 181

Die Herstellung des Bronchialbalsams: Das Bienenwachs wird im Wasserbad geschmolzen, die ätherischen Öle beigegeben und der fertige Balsam in kleine Gefäße abgefüllt.

Herbst

*»Bäume sind Gedichte, die die Erde in den Himmel schreibt.
Wir fällen sie nieder und verwandeln sie in Papier,
um unsere Leere zu dokumentieren.«*

Kahlil Gibran (1883–1931)

Der Herbst ist die Zeit der Ernte, des Sammelns und Haltbarmachens von Schätzen aus der Natur.
Auf einer Herbstwanderung lassen wir uns noch einmal von den wärmenden Sonnenstrahlen verwöhnen und sammeln mit den Kindern Pilze, Nüsse, Herbstfrüchte, Samen und Beeren.
Es gibt noch viel in der Natur zu entdecken, bevor der Winter sein weißes Kleid über die Wiesen und Felder legt.

Anfang November, wenn die Tage kühl geworden sind, viele Bäume ihr Laub abgeworfen haben und es bereits gegen fünf Uhr dunkel wird, freuen sich die Kinder auf die bevorstehenden Laternen-umzüge oder den in der Schweiz traditionellen »Räbeliechtliumzug«. In den Kindergärten und Schulen basteln die kleineren Kinder mithilfe der Eltern und Betreuerinnen das »Räbeliechtli«. An einem Herbstabend findet dann der Räbeliechtliumzug mit Gesang und Musik statt. Zum Abschluss des Umzugs bekommen die Kinder als kleine Stärkung ein Brötchen, eine Wurst und ein wärmendes Getränk.

Der Herbst in Sprichwörtern

- Nach Septembergewittern
  wird man im Februar vor Kälte zittern.
- Fällt das Laub zu bald, wird der Herbst nicht kalt.
- Ist der Oktober warm und fein,
  folgt ein scharfer Winter drein.
  Ist er aber kühl und nass,
  bleibt dann die Winterkälte blass.
- Wenn im November die Sternlein leuchten, lässt dies auf baldige Kälte deuten.
- Viel Regen im November, viel Wind im Dezember.

Laterne, Laterne

*Laterne, Laterne, Sonne, Mond und Sterne!
Brenne auf mein Licht, brenne auf mein Licht,
aber nur meine liebe Laterne nicht.
Laterne, Laterne, Sonne, Mond und Sterne!
Sperrt ihn ein den Wind, sperrt ihn ein den Wind.
Er soll warten, bis wir zu Hause sind.
Laterne, Laterne, Sonne, Mond und Sterne!
Bleibe hell mein Licht, bleibe hell mein Licht,
denn sonst strahlt meine liebe Laterne nicht.*

Ich geh mit meiner Laterne

*Ich geh mit meiner Laterne
und meine Laterne mit mir.
Dort oben leuchten die Sterne,
hier unten, da leuchten wir.
Mein Licht ist aus,
wir gehn nach Haus,
rabimmel, rabammel, rabum.*

*Mein Licht ist aus,
wir gehn nach Haus,
rabimmel, rabammel, rabum.*

Text und Melodie aus Holstein

Die Waldläuferkinder freuen sich über den bunten Herbstwald.

Warm leuchtet das Licht in den ausgehöhlten Steckrüben.

Laterne für den Räbeliechtliumzug

Material:
1 Steckrübe
Zeitung
1 großes und 1 kleines spitzes Messer
1 Apfelausstecher
verschiedene kleine Plätzchenausstechformen
1 Teelicht
dicke Schnur

Und so geht's:

Die Steckrübe gründlich waschen. Auf der oberen Seite der Rübe mit dem großen Messer den Deckel großzügig abschneiden. Nun die für das Laternenmotiv ausgewählte Plätzchenausstechform fest in die Rübe drücken. Dann mit dem kleinen Messer die oberste Haut der Rübe im Bereich des Motivs vorsichtig abziehen. Wenn das Motiv mehrmals gearbeitet ist, die Rübe mit dem Apfelausstecher aushöhlen. Um zu prüfen, ob sie genügend ausgehöhlt ist und das Licht an den Stellen mit den geschnitzten Motiven durchscheint, die Rübe über eine Lampe halten. Am oberen Rand der Rübe etwa 1,5 cm unterhalb des Randes an 4 Stellen jeweils in gleichen Abständen ein kleines Loch bohren. Je ein 30 bis 40 cm langes Stück Schnur durch die Löcher durchziehen und zum Fixieren an der Rübe gut verknoten. Zum Schluss alle 4 Schnüre am anderen Ende miteinander verknoten.

Tipps: Statt mit Ausstechformen zu arbeiten, kann man mit etwas Fantasie und Geschicklichkeit auch eigene Motive schnitzen.

Damit die Rüben lange schön frisch bleiben, die ausgehöhlten Rüben über Nacht in einen Eimer Wasser legen – so können sie sich noch einmal richtig mit Wasser vollsaugen.

Das Fleisch der ausgehöhlten Rüben ist gesund und kann roh gegessen, zu einer Suppe oder zu Steckrübengemüse (Rezept siehe rechts) weiterverarbeitet werden.

Steckrübengemüse

Für ca. 5 Portionen

1 EL Rohrohrzucker
650 g ausgelöstes Steckrübenfruchtfleisch
1 EL Butter
1 kleine Lauchstange
Salz, Pfeffer, etwas Muskatnuss, gerieben
2 EL Kürbiskerne

Zucker in eine Pfanne geben und leicht karamellisieren lassen. Das Fruchtfleisch der Steckrübe dazugeben und mit dem Zucker mischen.
Butter und den klein geschnittenen Lauch beigeben und alles zusammen 10 Minuten weich dünsten. Mit Salz, Pfeffer und Muskatnuss würzen.
Die Kürbiskerne darüberstreuen und servieren.

Tipp: Dieses Gemüse kann durch Karotten, Wirsing, Kohlrabi und andere Gemüsesorten ergänzt werden. Gut schmeckt das Steckrübengemüse auch, wenn es nach dem Kochen in einer Gratinform mit Rahm und Käse überbacken wird.

Früchtepunsch

Für 3–4 Becher

3 l Wasser
4 EL Früchtetee
1 Anisstern
1 Kardamomkapsel, angemörsert
1 Zimtstange, zerbrochen
Saft von 1 Zitrone
Saft von 3 Orangen
8 EL Holunderblütenhonig oder Holunderbeersaft

Das Wasser in einen Topf geben, Früchtetee und Gewürze dazugeben.
Den Topf mit einem Deckel schließen und alles aufkochen.
½ Stunde ziehen lassen, dann durch ein Sieb geben. Zitronen- und Orangensaft dazugeben und mit Honig oder Holundersaft süßen.

Hagebutte

Rosa canina L. (Hunds- oder Heckenrose) oder Rosa rugosa (Kartoffelrose)

Die Rose ist das Sinnbild der Liebe, der Freude und der bedingungslosen Hingabe an alles Gute und Schöne im Leben. Mit der roten Kraft der Hagebutte können wir unsere Energiereserven für den Winter auffüllen. Sie war ein wichtiger Vitamin-C-Spender, als in den nördlichen europäischen Ländern während der Wintermonate noch keine Zitrusfrüchte erhältlich waren. Hagebutten können roh gegessen werden, besonders gut schmecken sie nach den ersten Frostnächten, denn dann sind sie weich. Bereits in der Jungsteinzeit diente das Mus der Hagebutte als Nahrungsmittel, wie Funde in Schweizer Pfahlbausiedlungen belegen.

Botanik

Die Hundsrose oder Heckenrose ist ein sommergrüner, bis zu 3 m hoher Strauch mit überhängenden Ästen. Sie gehört zur Pflanzenfamilie der Rosengewächse. Ihre Blüte ist blassrosa und sehr zart. Die Rose besitzt nicht, wie es im Volksmund oft heißt, Dornen, sondern Stacheln. Sie schützen die Pflanze vor Fraßschäden durch Tiere. Im Herbst bilden sich wunderschöne rote oder schwarze Hagebutten, je nach Rosensorte. Dabei handelt es sich um Scheinfrüchte. Die eigentlichen Früchte sind die Kerne im Innern der Hagebutte. In der Natur sorgen Vögel für die Vermehrung der Pflanze, indem sie die unverdauten Samen wieder ausscheiden und so verbreiten.

Neben den Hagebutten der kleineren Heckenrose verwenden wir in den Rezepten auch die größeren und damit ergiebigeren »Früchte« der Kartoffelrose (Rosa rugosa). Diese Wildrosenart stammt ursprünglich aus Asien und duftet zur Blütezeit angenehm. Im Gegensatz zur Heckenrose hat die Kartoffelrose viele nahe beieinanderliegende kurze Stacheln. Ihren lateinischen Beinamen »rugosa« erhielt sie wegen ihres meist verknittert wirkenden Blattlaubs.

Gemeinsam macht das Sammeln der reifen Hagebutten Freude.

Gut zu wissen: Wie erkenne ich Heckenrosen?

Im Herbst und Winter erkennen wir die gewöhnliche Heckenrose an ihren leuchtend roten Hagebutten; es gibt allerdings auch Rosensorten die schwarze Hagebutten tragen. Zur Blütezeit ist sie an den zarten von rosa bis fast weiß gefärbten Blüten erkennbar, die ungefüllt sind und aus jeweils fünf Blütenblättern bestehen.

Verwechslungsmöglichkeiten: Es gibt verschiedene Wildrosensorten und somit auch unterschiedliche Hagebutten. Da die Hagebutten von allen unbehandelten Wildrosen essbar sind, kommt einer Verwechslung keine Bedeutung zu.

Traditionen und Mythen

Die Rose galt bereits im Altertum als Königin der Blumen. Sie ist das Sinnbild der Unschuld, der Jugend, der Schönheit und der Liebe.

Die Kelten und Germanen legten schützende Rosenhecken um heilige Opferstätten und Gräber an.

Laut einem Aberglauben schützen drei Hagebutten, jeweils gegessen am Weihnachtsabend, am Stephanstag, am Silvesterabend und an Neujahr, vor Unfall und Krankheiten im darauffolgenden Jahr.

Ernten/sammeln: Wo, was und wann?

Hecken- und Kartoffelrose wachsen in ganz Europa, auf den Kanarischen Inseln und im nordwestlichen Afrika. Man findet sie in Gebüschen, Gehölzen, Gärten, Wildhecken und an Waldrändern.
Blüten (Hecken- und Kartoffelrose): Mai bis Juni
Hagebutten: September bis Oktober

Tipps: Beim Sammeln gilt der Grundsatz: Alles, was oben am Strauch hängt, gehört den Vögeln und dient ihnen als Winterfutter. Alles, was unten hängt, dürfen die Menschen ernten.

Rosensträucher, deren Hagebutten für den Verzehr geerntet werden, dürfen nicht mit chemischen Spritz- oder Düngemitteln behandelt worden sein!

Trocknen

Um Schalen, wie sie beispielsweise für einen Hagebuttenaufguss (siehe Seite 99) benötigt werden, zu trocknen, sammelt man ab Oktober die reifen, noch harten Hagebutten. Diese halbieren, von den Samen und Härchen reinigen, dann die Früchte nochmals in kleine Stücke schneiden. Die Schalen in einem Dörrgerät bei 40 °C oder auf der Ofenbank trocknen. Die getrockneten Früchte am besten in einem gut verschließbaren Glasgefäß aufbewahren (nicht in einer Metalldose, da das Metall mit den Inhalts-stoffen der Früchte chemisch reagieren kann).

Hagebuttenmännlein

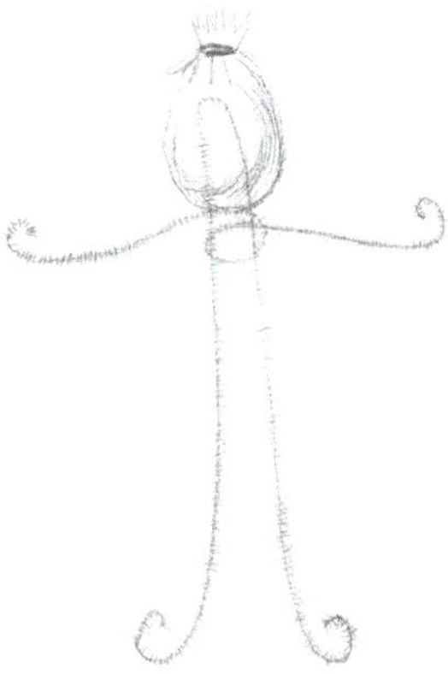

Das »Pfeifenputzergerüst« für das Hagebuttenmännlein

Das Männlein bekommt als Kopf eine Hagebutte.

Zeichnungen: Salomé Mossdorf

Das Hagebuttenmännlein wird mit Märchenwolle umwickelt.

Naturapotheke

- *Hagebuttenaufguss:* Ein Aufguss aus getrockneten oder frischen Hagebutten (Rezept siehe Seite 99) wirkt harntreibend, stärkend, aufbauend, kühlend, vitaminspendend, leicht abführend und stoffwechselanregend. Er ist ein erfrischender Durstlöscher im Sommer und wirkt dank seines hohen Vitamin-C-Gehalts gegen Erkältungen.
- *Kernlestee:* Dieser leicht nach Vanille duftende und etwas säuerlich schmeckende Tee aus den weißen »Samenkernen« – den eigentlichen Früchten – der Hagebutte regt die Ausscheidung über die Nieren an. Zur Herstellung des Kernlestees halbiert man reife Hagebutten, um die Kerne herauszukratzen. Diese in einem Teesieb unter fließendem Wasser reinigen und anschließend trocknen.

Hagebutten erleben, erforschen, begreifen

Hagebuttenmännlein

An Hagebuttenmännlein aus Märchenwolle, Pfeifenputzern und anderen Naturmaterialien erfreuen sich besonders die kleineren Kinder.

Material:
1 Pfeifenputzer
verschiedenfarbige Märchenwolle (unversponnene Wolle)
1 große rote oder schwarze Hagebutte
einige Rosenstacheln oder Gewürznelken
Schere

Und so geht's:

Der Pfeifenputzer dient als Körper, Arme und Beine: Er wird in der Mitte durchgeschnitten und die Enden zu Füßen und Händen gebogen. Dann die beiden gebogenen Enden ineinander verdrehen und eine Hagebutte als Kopf daraufstecken. Um der Figur mehr Fülle zu verleihen, umwickeln wir alles mit bunter Märchenwolle. Für die Augen Rosenstacheln oder Gewürznelken in den Hagebuttenkopf stecken.

Hagebuttenmandala

Hagebutten werden zu einer Kette aufgezogen.

Hagebuttenkette

Aus Hagebutten lassen sich wunderschöne Ketten herstellen, die sich als Mitbringsel aus dem Wald, zum Beispiel für einen Kindergeburtstag, eignen.

Material:
50 Hagebutten (nicht mehr ganz hart)
reißfester Faden
spitze Wollnadel

Und so geht's:

Die Hagebutten werden mit einer Wollnadel auf einen Faden in passender Länge aufgezogen. Um eine Naturkette herzustellen, kann man zusätzlich Moos oder Flechten auffädeln.

Naturmandalas

Das Wort Mandala bedeutet Kreis. Die Kinder kennen Mandalas zum Ausmalen auf Papier oder Karton. Bei einem Mandala gibt es immer ein Zentrum, einen Mittelpunkt. Allein schon beim Ausmalen eines Mandalabildes kann eine meditative Stimmung entstehen, und dasselbe konnten wir bei den Kindern auch beim Legen eines Naturmandalas beobachten.

Naturmandalas können mit verschiedenen Wildfrüchten, zum Beispiel Hagebutten, Blättern, Steinen oder auch Moos gelegt werden. Für die Herstellung eines Mandalas sucht man zuerst mit den Kindern genügend Naturmaterial. Um ein abwechslungsreiches Mandala legen zu können, sollte das Naturmaterial aus verschiedenen Formen, Größen, Farben und unterschiedlichen Strukturen bestehen. Dann beginnt der kreative Teil, das Legen des Mandalas. Besonders gut zur Geltung kommt das Mandala, wenn es auf einer geraden, gleichmäßigen Unterlage gelegt wird.

Die Kinder kommen beim Legen zur Ruhe und können ganz in sich versinken.

Fensterdekoration

Eine Fensterdekoration mit den »wilden Roten« sieht im Herbst sehr hübsch aus. Dazu werden Hagebutten wie beim Basteln der Kette auf reißfeste Fäden in unterschiedlichen Längen aufgezogen und dann am Fenster befestigt.

Kräuterküche

Welche Pflanzenteile werden in der Wildkräuterküche verwendet?
Reife Hagebutten, frisch oder getrocknet.

Schnelles Hagebuttendessert

Zutaten pro Kind:

1 kleiner Becher Crème fraîche
3 EL Hagebuttenmark (siehe rechts)
2 EL Mandelblättchen
1 TL Zucker

Crème fraiche und Hagebuttenmark zu gleichen Teilen in kleine Glasschalen füllen und mit einer Gabel vermischen. Mit gerösteten, leicht karamellisierten Mandelblättchen servieren.

Hagebutten-Zauberapfel

1 Apfel
Hagebuttenmark (siehe rechts)

Den Apfel quer halbieren (nach Belieben ein Zackenmuster bilden). Auf den Schnittflächen das süße Hagebuttenmus verteilen.

Tipp: Dieser Zauberapfel ist ein gesundes Dessert und auch für Kinder geeignet, die aufgrund von Allergien oder Unverträglichkeiten keinen Kuchen essen dürfen.

Mmmh, so fein ist diese Hagebuttensuppe!

Hagebuttensuppe

Für 4–5 Portionen

3 Äpfel
500 g Hagebuttenmark (siehe unten)
100 ml Apfelsaft oder roter Traubensaft
Saft und Schale von 1 Zitrone
2 Gewürznelken
½ Zimtstange
¾ l Wasser
40 g Butter
2 EL Mehl
2–4 EL Honig oder Birnel (Birnendicksaft)
1 Prise Salz

Äpfel waschen, Kerngehäuse entfernen und die Äpfel in kleine Stücke schneiden. Hagebuttenmark, Äpfel, Apfelsaft und abgeriebene Schale der Zitrone, Gewürznelken und Zimt in einen Topf geben. Das Wasser hinzufügen und alles zusammen bei geschlossenem Deckel weich kochen. Zimtstange und Gewürznelke entfernen, dann das Mus durch ein Sieb oder ein Passevite (Flotte Lotte) streichen. Butter in einem Topf zergehen lassen, Mehl hineinrühren und kurz andünsten. Den Hagebutten-Apfel-Brei langsam dazugießen, einige Minuten leicht kochen lassen. Mit Honig, Apfelsaft und Salz abschmecken.

Tipp: Die fertige Suppe schmeckt herrlich und wärmt an einem kalten Herbsttag. Sie lässt sich mit etwas Crème fraîche oder in Butter gerösteten Brotwürfelchen verfeinern.

Hagebuttenmark

500 g entkernte Hagebutten (am besten von der Kartoffelrose, Rosa rugosa)
150 ml Wasser
300 g Zucker
1 EL Zitronensaft

Hagebutten mit dem Wasser bei niedriger Temperatur zugedeckt langsam weich kochen. Danach die gekochten Hagebutten durch ein Sieb oder Passevite (Flotte Lotte) streichen, um die Kerne zu entfernen. Zucker und Zitronensaft hinzugeben und nochmals kurz aufkochen. In kleine Gläser abfüllen.

Tipps: Am besten eignen sich weiche Hagebutten, die nach dem ersten Frost gesammelt wurden. Haltbarkeit: Das Hagebuttenmark hält sich im kühlen Keller ein Jahr.

Hagebutten-Energieriegel

Für ca. 12 große Riegel

50 g gehackte Haselnüsse
100 g feine Haferflocken
50 g Cornflakes
40 g Rohrohrzucker
25 g Sonnenblumenkerne
25 g Sesamkerne
50–100 ml Honig
Saft von 1 Zitrone
25 g Butter
50 g Hagebutten, halbiert, entkernt und klein geschnitten
etwas Koriander, gemahlen

Den Zucker mit Butter in einer großen Pfanne karamellisieren lassen. Alle weiteren Zutaten hinzufügen und so viel Honig dazugeben, dass sie sich gut verbinden. Alles zusammen circa 15 Minuten anrösten. Die Masse auf einem mit Backpapier belegten Backblech circa 1 cm dick, rechteckförmig ausstreichen. Dann einen weiteren Bogen Backpapier über die Masse legen und mit den Händen gut andrücken. Je besser die Masse zusammengedrückt wird, desto besser lässt sie sich nachher schneiden. Die Masse in 12 Riegel schneiden, solange sie noch etwas warm ist.

Tipp: Die Riegel können mit Stückchen von dunkler Schokolade, Zimt, Leinsamen, Rosinen, Kokosflocken und vielem anderem mehr verfeinert werden. Wer möchte, kann die fertigen Riegel auch in flüssige Schokolade tauchen.

Zutaten für den Hagebutten-Energieriegel

Die Masse mit den Händen gut andrücken.

Hagebuttenriegel sind ein idealer Energiespender für den Waldtag.

Hagebuttenaufguss

1 EL getrocknete Hagebuttenschalen
oder 2 EL frische Hagebutten
250 ml Wasser

Die Hagebuttenschalen oder die klein geschnittenen frischen Hagebutten mit kaltem Wasser übergießen, den Topf zudecken und das Wasser zum Kochen bringen. Anschließend 15 Minuten zugedeckt ziehen lassen, dann durch ein Teesieb (frische Hagebutten durch einen Teefilter) abgießen. Der Aufguss kann mit frisch gepresstem Orangensaft, etwas Zitronensaft oder anderen Fruchtsäften verfeinert werden.

Kleine Geschenke oder für den Vorrat

Hagebuttensenf

150 ml Rotwein
3 EL milder Senf
5 EL Hagebuttenmark
1 EL dunkler Balsamico-Essig
2 TL Senfkörner, angemörsert
1 TL Senfpulver
1 TL Akazienhonig
1 TL Zitronensaft

Den Rotwein auf 25 ml einkochen. Alle anderen Zutaten dazugeben und alles zusammen 1 bis 2 Minuten unter stetigem Rühren kochen lassen. Anschließend den Senf vollständig abkühlen lassen und in kleine Gläser abfüllen.

Tipp: Der Senf passt gut zu Wiener Würstchen mit Kartoffelsalat.

Weitere Rezepte:
Süße Hagebuttenbutter, Seite 173; Herbstlicher Hagebuttenessig, Seite 175; Hagebuttenhonig, Seite 178

Schwarzer Holunder

Sambucus nigra L.

Im Holunder begegnet uns die Muttergöttin der Erde. Unsere Vorfahren nannten sie hohe Frau, Frau Holle oder in Dänemark Hyldemoer (Holundermutter). Sie galt als Schutzpatronin von Haus und Hof, die über das Wohl der Menschen und Tiere wacht. Deshalb wurden in der Nähe von Ställen und Häusern Holunderbüsche gepflanzt und auch heute noch finden wir manchmal knorrige Holunderbüsche neben alten Stallgebäuden und Bauernhäusern.

Botanik

Der Strauch des Schwarzen Holunders kann bis zu 7 m hoch werden. Er zeigt uns seine cremeweißen Blüten im Frühsommer und blüht etappenweise, weshalb die Blüten lange gesammelt werden können. Im Spätsommer hängen an seinen Zweigen die schwarzen Beeren, die sich der Erde zuneigen. Der Holunder braucht, damit er gut gedeiht, einen nährstoffreichen Boden. Die Äste des Holunders enthalten ein weiches Mark und können ausgehöhlt werden. Der Holunder ist ein sommergrüner Strauch. Er verliert während der kalten Jahreszeit seine Blätter.

Gut zu wissen: Wie erkenne ich Schwarzen Holunder?

Den Schwarzen Holunder erkennt man an dem cremeweißen Blütenkleid, das der Strauch im Frühsommer trägt. Die Blüten verströmen den typischen Holundergeruch. Wenn man die Blätter zwischen den Fingern zerreibt, steigt ein strenger Geruch auf. Die Rinde sieht wie gesprenkelt aus und weist kleine Tupfen auf. Zersägt man einen fingerdicken Holunderast, erkennt man darin das weiße, weiche Mark, das sich leicht zusammenschieben lässt. Die

Schwarzer Holunderbusch in seinem weißen Blütenkleid

Die Fruchtdolde des Schwarzen Holunders

Blattknospen sind gegenständig und zeigen sich bereits früh im Jahr.

Verwechslungsmöglichkeiten: Der Schwarze Holunder hat noch zwei Geschwister: den Roten oder Hirschholunder und den Zwergholunder oder Attich. Beide Arten sind schwach giftig.

Die Beeren des Roten Holunders können gekocht (dadurch werden die toxischen Stoffe abgebaut) und als Saft oder Gelee genossen werden.

Die Beeren des Schwarzen Holunders sollten roh nur in kleinen Mengen genossen werden, da sie Brechreiz auslösen können.

Der Zwergholunder (Attich, krautiger Holunder, Stinkholunder) unterscheidet sich vom Schwarzen Holunder durch den kleineren Wuchs. Die weißen bis hellrosa blühenden Blüten sind in einer aufrecht stehenden Dolde angeordnet. Die schwarzen Beeren hängen nicht herunter, sondern stehen aufrecht am Strauch. Die Blätter sind schmaler und spitzer. Der Zwergholunder (Attich) wird nicht in der Küche verwendet.

Traditionen und Mythen

Der Name Holunder soll auf das althochdeutsche Wort »holun-tar« zurückgehen, was »hohler Baum« (holun = hohl, tar = Baum) bedeutet.

Für unsere Vorfahren war der Holunderstrauch von großer Bedeutung, galt er doch als »lebendige Hausapotheke« des einfachen Bauern. Die Frauen bezeugten ihre Achtung vor dem Holunder, indem sie vor ihm niederknieten, und die Männer zogen den Hut vor dem Strauch.

Früher nutzte man den ganzen Strauch (Wurzel, Rinde, Blätter, Blüte, Beere) zu Heilzwecken und in der Küche. Aus dieser Zeit stammt wohl folgender Reim:

»Rinde, Beeren, Blatt und Blüte. Jeder Teil ist Kraft und Güte, jeder segensvoll.«

Zur Wintersonnenwende, am 21. Dezember, tauchte man in England getrocknete Holunderstöckchen in Öl, zündete sie an und ließ sie im Wasser treiben. Die Lichter sollten helfen, versteckte Unholde aufzuspüren.

Die Rinde, die Blätter und die schwarzen Beeren wurden zum Färben von Wolle, Baumwolle und Leinen verwendet.

Heute werden in Küche und in der Heilkunde nur noch Blüten und Beeren verwendet.

Die Holunderblüten am besten an einem vor Regen und Sonne geschützten Ort zum Trocknen aufhängen.

Ernten/sammeln: Wo, was und wann?

Der Holunder kommt wild in ganz Europa vor. Er ist häufig in der Nähe von menschlichen Siedlungen zu finden, insbesondere in Gärten, als Teil von Hecken, an Waldrändern sowie auf Lichtungen.

Blüten: Sie können von Mai bis Juli bei trockenem, sonnigem Wetter gesammelt werden. Es sollte mindestens zwei Tage vorher nicht geregnet haben, damit die Blüten viel Blütenstaub und somit viele ihrer Duftstoffe (ätherisches Öl) enthalten.

Zum Trocknen die Blüten am besten kopfüber an einer Leine aufhängen, damit von allen Seiten Luft durchziehen kann. Bei geringer Luftfeuchtigkeit trocknen die Blüten in wenigen Tagen.
Der Blütenstiel sollte nach dem Trocknen nicht mehr biegsam sein.

Beeren: Die vollreifen, schwarzen Beeren können von August bis Anfang Oktober geerntet werden. Grüne Beeren sind leicht giftig! Diese beim Sammeln aussortieren.

In den reifen Beerendolden findet man viele Ohrwürmer. Daher ist es am besten, wenn nach dem Sammeln die Beeren auf ein Tuch ausgebreitet werden, damit die Ohrwürmer davonkrabbeln können.

Naturapotheke

- *Erkältungskrankheiten:* Holunderblüten, frisch oder getrocknet, wirken schweißtreibend, fiebersenkend, schwach harntreibend, immunstärkend, beruhigend und schwach schmerzstillend. Holunderblütentee (siehe unten) hilft bei grippalen Infekten, Fieber und Schnupfen. Mit Holunderblüten kann ein warmes Fußbad bereitet werden, dem immer wieder warmes Wasser hinzufügt wird; dies unterstützt das Schwitzen.
- *Entzündete Mundschleimhaut:* Bei einer entzündeten Mundschleimhaut kann mit Holunderblütentee gegurgelt werden.
- *Entzündete Augenlider:* Ein Augenbad mit Holunderblütentee ist bei entzündeten Augenlidern wohltuend.
- Für *Holunderblütentee* wird ein Esslöffel getrocknete Holunderblüten mit 250 ml kochendem Wasser übergossen. Das Ganze 10 Minuten zugedeckt ziehen lassen, anschließend die Blüten absieben. Der Tee kann zusätzlich mit Holunderbeerensaft (siehe Seite 108) oder Holunderblütensirup (siehe Seite 180) gesüßt werden.
- *Sonnenbrand und leichte Verbrennungen:* Bei Sonnenbrand oder leichten Verbrennungen kann ein Pflanzenbrei aus angequetschten Holunderblättern auf die betroffene Stelle aufgelegt werden; dies wirkt kühlend und lindernd.
- *Durchfall:* Getrocknete Holunderbeeren wirken gegen Durchfall. Hierbei stündlich ¼ Teelöffel getrocknete Beeren gut im Mund zerkauen.
- Frischer *Holunderbeersaft* wirkt mild abführend und immunstärkend. Der Saft enthält viele Vitamine und Mineralstoffe und kann im Winter zusätzlich dem Tee beigemischt werden.
- Aus den frischen Holunderblüten lässt sich ein duftendes *Heilöl* ansetzen (siehe Spitzwegerich, Seite 86), das bei Erkältungen und als Massageöl seine Anwendung findet.

Malen mit Holunderbeeren

Holunder erleben, erforschen, begreifen

Holunderkugelschreiber

Holunderzweige haben innen ein weiches Mark, das man mit einem spitzen Gegenstand gut zusammenschieben kann. So lassen sich aus den jungen Holunderzweigen Holunderkugelschreiber oder auch hübsche Naturamulette herstellen.

Und so geht's:

Junge Holunderzweige mit einem Durchmesser von 4 bis 6 mm mit einer kleinen Handsäge auf eine Länge von 10 bis 13 cm zuschneiden. Harte Kugelschreiberminen (im Fachgeschäft erhältlich) von Hand oder mithilfe einer kleinen Zange in das weiche Mark des Holunderastes schieben, bis nur noch etwas mehr als die Spitze der Mine sichtbar ist. Durch das Austrocknen des Holzes wird die Mine fixiert und verschiebt sich nicht mehr. Der Holunderkugelschreiber kann nun mit einem Taschenmesser verziert werden. Kleine Kinder, die mit einem scharfen Messer noch nicht sicher umgehen können, bemalen den Kugelschreiber mit Farbe.

Malen mit Beeren

Die intensive, blaurote Farbe der Holunderbeeren eignet sich gut zum Malen auf weißem oder hellem Papier. Dies kann direkt mit den Händen geschehen oder auch mit einem Pinsel, wobei die Beeren zuerst mit einer Gabel in einem Gefäß zerdrückt werden müssen, um den Beerensaft zu gewinnen.

Tipp: Etwas dickeres Papier verwenden, da bei festem Drücken häufig Löcher entstehen.

Einen Holunderstrauch pflanzen

Wer gerne einen eigenen Holunderstrauch im Garten haben möchte, kann einen Ast des Baumes in die Erde stecken. Nach einiger Zeit bildet der Ast Wurzeln und treibt neue Blätter.

Reigentanz um den Holunder

Ringel, Ringel, Reihe,
sind der Kinder dreie,
sitzen unterm Holderbusch
rufen alle husch, husch, husch!

Durch das Trocknen des Holzes wird die Kugelschreibermine fixiert.

Ringelreihenlied

Hinter einem Holunderbusch gab sie ihrem Schatz 'nen Kuss.
Roter Wein, weißer Wein, morgen soll die Hochzeit sein!

Frau Holle

Im Märchen »Frau Holle« der Gebrüder Grimm begegnet uns der Holunderstrauch in seiner ganzen Symbolkraft.

Das Fliedermütterchen

Früher wurde der Holunderstrauch bei uns als »Flieder« bezeichnet. Erst im 16. Jahrhundert kam der Flieder, wie wir ihn heute kennen, aus der Türkei zu uns. Hans Christian Andersens Märchen »Das Fliedermütterchen« erzählt eine wunderschöne Geschichte rund um den Holunderstrauch.

Kräuterküche

Welche Pflanzenteile werden in der Wildkräuterküche verwendet?
Im Frühling die voll aufgeblühten Blüten, im Herbst die ganz ausgereiften schwarzen Beeren.
Tipp: Holunderbeeren können problemlos tiefgekühlt und später zu Mus oder Saft weiterverarbeitet werden.

Holunderapfelmus

Für 3 Portionen

1 Becher (160 g) Holunderbeeren, abgezupft
2 EL Rohrohrzucker
1 EL Zitronensaft
1 säuerlicher, mittelgroßer Apfel (z. B. Gravensteiner), entkernt und fein geschnitten

Alle Zutaten zusammen in einem kleinen Topf mit wenig Wasser weich kochen. Das Holunderapfelmus passt zu Omeletten, Spätzle, Milchreis oder Vanilleeis.

Tipp: Dieses Mus kann auch sehr gut mit Zwetschgen oder Quitten anstelle der Äpfel zubereitet werden.

Das Holunderapfelmus wird auf dem Feuer gekocht, bis die Äpfel zusammnengefallen sind.

Warmer Holunderpunsch schmeckt gut an kalten Wintertagen

... und wärmt wunderbar.

Holunderpunsch

Für 3–4 Becher

200 ml Holunderbeerensaft
300 ml Orangensaft
100–200 ml Wasser, je nach gewünschter Süße
2 Gewürznelken
¼ Zimtstange
1 Orange, geschält und in Schnitze geschnitten

Alle Zutaten in einem Topf erwärmen, nicht kochen, und circa 15 Minuten mit zugedecktem Deckel ziehen lassen. Danach in einen Krug absieben und in Becher ausschenken.

Tipp: Mit diesem Punsch kann man sich an einem kalten Tag im Wald wunderbar aufwärmen. Durch die Orangenschnitze liefert er zusätzliches Vitamin C.

Brötchen der Muttergöttin

Für 10–15 Brötchen

500 g Weißmehl (Weizenmehl, Type 405)
1½ TL Salz
1 EL Rohrohrzucker
Schale von 1 Zitrone, fein abgerieben
10 frische Holunderblütendolden, abgezupft
20 g Hefe
30 g Butter
200–300 ml Milchwasser (halb Milch, halb Wasser), lauwarm

Das Weißmehl in eine Schüssel geben. Salz, Zucker, Zitronenschale und Holunderblüten mit dem Mehl gut vermischen. Hefe lose über den Teig bröckeln, Butter und Milchwasser beimischen und alles zu einem weichen, elastischen Hefeteig kneten. Den Teig mindestens 1 Stunde zugedeckt an einem warmen Platz um das Doppelte aufgehen lassen. Anschließend kleine Brötchen formen und diese im Pfadfinderkochtopf, der vorher mit einer Sandschicht und Backpapier ausgelegt wurde, 35 bis 40 Minuten backen. Bei größeren Brötchen die Backzeit einige Minuten verlängern.

Holunderomelette

Grundrezept

Für 7–8 große Omeletten

200 g Mehl
1 TL Salz
300 ml Milchwasser (halb Milch, halb Wasser)
5 Eier, verquirlt
2 EL Sonnenblumenöl
Butter

Alle Zutaten mit einem Schneebesen zu einem Teig verrühren und mindestens ½ Stunde zugedeckt ruhen lassen. Butter in eine Pfanne geben, die Pfanne erhitzen, den Omelettenteig darauf verteilen und einzelne Holunderbeeren auf den Teig streuen. Die Omelette auf einer Seite fertig backen, dann wenden und die andere Seite fertig backen.

Tipp: Die fertigen Omeletten können die Kinder mit Zimt und Zucker bestreuen und mit Holunderapfelmus (siehe Seite 104) genießen.

Frau Holles Holunderbeerentraum

Für 4–5 Portionen

Holundermus:
250 g frische Holunderbeeren
50 ml Apfelsaft
½ Zimtstange
1 EL Zitronensaft
2 EL Rohrohrzucker
1 TL Maisstärke

Creme:
300 g Quark
1 EL Rohrohrzucker
½ TL Vanillemark

50 g Walnüsse, gehackt
1 EL Rohrohrzucker

Für das Mus alle Zutaten außer der Maisstärke in einen Topf geben und 15 Minuten leicht köcheln lassen. Die Maisstärke in wenig Wasser auflösen, dazugeben und das Ganze nochmals kurz aufkochen. Das Holundermus auskühlen lassen.

Für die Creme den Quark mit Zucker und Vanillemark vermischen.

Die Walnüsse mit dem Zucker in einer kleinen Pfanne karamellisieren und auskühlen lassen.

Das erkaltete Holundermus auf 4 bis 5 Schälchen verteilen, die Quarkcreme ebenfalls auf die Schälchen verteilen. Zum Schluss das Dessert mit den karamellisierten Walnüssen bestreuen.

Holunderblütenbowle

Für 7–8 Kinder

1 l Apfelsaft, klar
einige Erdbeeren, evtl. Walderdbeeren
5 mittelgroße Holunderblütendolden
1 Zitronenscheibe
100–200 ml Holunderblütensirup, je nach gewünschter Süße
einige Blütenblätter einer unbehandelten Duftrose, z. B. Damaszener-Rose/Rose de Resht
1 l Mineralwasser mit Kohlensäure

Holunderblütendolden, Rosenblütenblätter, fein geschnittene Erdbeeren und Zitronenscheibe in einen Glaskrug geben. Apfelsaft und Holunderblütensirup darübergießen und einige Stunden (am besten über Nacht) zugedeckt ziehen lassen. Kurz vor dem Trinken die Bowle mit kaltem Mineralwasser auffüllen.

Holunderblütenmilch

Für 2 Becher

2 frische, große Holunderblütendolden
2 Tassen Vollmilch
½ Vanillestange, ausgekratzt
1 EL Lavendelhonig

Die Milch in eine Pfanne geben, kurz aufkochen und über die Holunderblüten und die Vanillestange gießen. Zugedeckt 10 Minuten ziehen lassen, danach absieben. Die lauwarme Holunderblütenmilch mit dem Lavendelhonig süßen.

Tipp: Im Winter kann die Holundermilch auch mit getrockneten Holunderblüten zubereitet werden.

Kleine Geschenke oder für den Vorrat

Holunderbeerensaft

1 kg reife Holunderbeeren
1 l Wasser
1 kg Zucker

Reife Holunderbeeren sammeln und kurz mit Wasser abbrausen. Die dicken Stängel abschneiden. Die Beeren in einen Topf füllen und mit 1 Liter Wasser knapp bedecken. Den Inhalt vorsichtig zum Kochen bringen, abkühlen lassen und den Saft durch ein Sieb gießen. Dann den Saft mit dem Zucker nochmals aufkochen. Den heißen Saft in gut gereinigte Flaschen abfüllen und diese sofort verschließen. Haltbarkeit: 1 Jahr im kühlen Keller.

Tipp: Der Saft eignet sich als Basis für den Holunderpunsch (siehe Seite 105) im Winter sowie als Süßgetränk und Durstlöscher im Sommer. Besonders fruchtig schmeckt der Sirup, wenn vor dem Servieren 2 bis 3 Zitronenscheiben zugefügt werden.

Holunderblütengelee

400 ml Holunderblütensirup
1 EL Apfelpektin in Pulverform
(Geliermittel für Konfitüre)

Apfelpektin in den kalten Sirup einrühren, anschließend alles zusammen aufkochen und zwei Minuten sprudelnd kochen lassen. Das Gelee in kleine, gut gereinigte Gläser abfüllen. Haltbarkeit: 1 Jahr im kühlen Keller.

Holunderblüten-Karamellen

Weiche Variante:
250 ml Rahm (Sahne)
100 ml Milch
5 große Holunderblütendolden, bei Sonnenschein gepflückt
300 g Zucker
1 Päckchen Vanillezucker
1–2 EL Wasser

Harte Variante:
250 ml Milch
5 Holunderblütendolden, bei Sonnenschein gepflückt
40 g Butter
250 g Zucker
½ Päckchen Vanillezucker

Für die weiche Variante Rahm und Milch in ein hohes Gefäß oder einen Messbecher geben und die Holunderblütendolden 24 Stunden zugedeckt darin ziehen lassen. Am nächsten Tag die Blüten absieben. Zucker und Vanillezucker zur Holundermilch hinzugeben. Alles unter ständigem Rühren einkochen, bis die Masse dick ist (Kochzeit ca. 30 Minuten). Zum Schluss das Wasser zur Karamellmasse hinzugeben und die Masse glatt rühren. Alles auf einem kleinen Kuchenblech (Größe 18×17 cm) oder in einer Gratinform circa 1 cm dick ausstreichen und fester werden lassen. Die halbfeste Masse in Quadrate schneiden, erkalten lassen und in Zellophantüten abpacken.

Für die harte Variante genauso vorgehen wie bei der weichen Variante.

Weitere Rezepte:
Holunderblütenessig, Seite 175; Holunderblütensirup, Seite 180

Ringelblume

Calendula officinalis L.

Die intensive Leuchtkraft der Ringelblume ruft Freude hervor und sorgt für Vitalität. Und so ganz nebenbei heilt die Pflanze viele Krankheiten. Das leuchtende Gelb und Orange ihrer Zungenblüten stehen für die Energie der Sonne. Wer mit einer Ringelblume meditiert, der erhellt sein Innerstes. Die symbolische Aufgabe der Ringelblume ist es, dafür zu sorgen, dass die Liebe unter den Menschen immer neu erblüht – so wie ihre Blüten es uns fast das ganze Jahr über vormachen.

Botanik

Die einjährige Garten-Ringelblume wird zwischen 20 und 40 cm hoch. Sie blüht von Juni bis November, an geschützten Stellen sogar bis in den Winter hinein. Die Pflanze versamt sich im Garten selber und erblüht daher jedes Jahr aufs Neue. Die Heimat der Ringelblume wird in Südeuropa vermutet. Ihre Blätter und Stängel sind leicht klebrig und ihr balsamischer Duft ist unverkennbar. (Riechen Sie mit geschlossenen Augen an einer Ringelblumenblüte und saugen Sie ihren unverkennbaren, würzigen Geruch ein!) Die Blüten der Ringelblume öffnen sich am Morgen bei Sonnenschein und schließen sich abends wieder. Eine alte Bauernregel sagt, dass es Regen gibt, wenn die Blüte sich am Morgen nicht öffnet.

Gut zu wissen: Wie erkenne ich die Ringelblume?

Die Ringelblume erkennt man zuallererst an der sehr intensiven gelben bis orangen Farbe der Blüten. Beim Zerreiben der Blütenblätter riecht man den typischen würzigen Geruch der Ringelblume. Stängel, Blüten und auch die Blätter der Ringelblume sind leicht klebrig.

Verwechslungsmöglichkeiten: Die in den Rezepten verwendete Ringelblume stammt aus dem Garten (Garten-Ringelblume). Sie kann mit der wild wachsenden, kleineren Acker-Ringelblume verwechselt werden, die ebenfalls essbar ist. Acker-

Ringelblumenblüte

Geschlossene Knospe der Ringelblume

Reife Ringelblumensamen, bereit zur Aussaat

Ringelblumen sind in Deutschland und der Schweiz jedoch geschützt und sollten daher nicht in der Natur gesammelt werden!

Hinweis: Ringelblumen gehören zur Pflanzenfamilie der Korbblütler. Es gibt Menschen, die auf diese Pflanzenarten allergisch reagieren.

Traditionen und Mythen

Ihr lateinischer Name »Calendula« ist vom Wort »calendae« abgeleitet, das mit unserem heutigen Wort Kalender verwandt ist. Diesen Namen erhielt die Blume, weil sie jeden Monat, fast das ganze Jahr hindurch, neu erblüht. Ihr deutscher Name bezieht sich auf die geringelten Samen. Die Samen der Ringelblume sind stark gekrümmt, einige sogar spiralförmig eingerollt. Nach ihrer Größe und Form unterscheidet man drei Arten von Früchten/Samen (siehe Seite 112):

1. Hakenfrüchte: Dies sind die größten Früchte. Sie reifen in den äußeren Blütenkreisen, können bis zu 2 cm lang werden und auf ihrem »Rücken« haben sie Haken, Dornen oder Knoten. Hakenfrüchte haften im Pelz von vorüberstreifenden Hunden, Katzen und anderen Säugetieren und werden auf diesem Weg in der Natur weiterverbreitet.

2. Kahnfrüchte: Sie sehen aus wie kleine Boote/Kähne. Auf beiden Seiten haben sie segelartige Flügel. Sie werden durch den Wind fortgetragen.

3. Larvenfrüchte: Dies sind die kleinsten und meist auch dunkelsten Früchte. Sie sind von allen drei Fruchtarten diejenigen, die am stärksten geringelt sind. Wie die Hakenfrüchte haften auch sie im Fell oder Pelz von vorüberziehenden Tieren. Auch Ameisen tragen die heruntergefallenen Früchte an andere Orte.

In alten Kräuterbüchern wird beschrieben, dass allein schon der Anblick einer Ringelblume die schlechte Laune vertreibt. Dies funktioniert auch heute noch. Ausprobieren lohnt sich!

Junge Mädchen in den slawischen Ländern Südosteuropas gaben früher die Erde mit dem Fußabdruck ihres Geliebten in einen Blumentopf und setzten Ringelblumen hinein. So wie die Blume immer wieder neu erblüht, so sollte auch die Liebe immer wieder neu erblühen und nicht »verwelken«.

Die Ringelblume gehört zu den ganz alten Heilpflanzen. Ihre wundheilenden Eigenschaften sind bei den Menschen seit Hunderten von Jahren bekannt und beliebt. Ringelblumenblüten wurden früher als Safranersatz verwendet.

Ernten/sammeln: Wo, was und wann?

Garten-Ringelblumen müssen im Garten angepflanzt werden. Die ganzen Blüten können in den Gärten ab Juni, bei milden Wintern bis fast in den Dezember hinein an sonnigen Tagen gesammelt werden.

Die drei Samenarten der Ringelblume:
1 Hakenfrüchte, 2 Kahnfrüchte, 3 Larvenfrüchte

Naturapotheke

- *Ringelblumentee* aus frischen oder getrockneten Blüten schmeckt leicht bitter und unterstützt unsere Leber.
- *Wundreinigung:* Ringelblumentee kann zudem zum Reinigen von Wunden benutzt werden.
- *Sonnenbrand:* Bei Sonnenbrand kann abgekühlter Ringelblumentee zum Beruhigen der Haut verwendet werden. Dazu werden die betroffenen Hautstellen mit dem Tee sanft abgetupft.
- *Augenreizung:* Müde und gereizte Augen werden durch eine Augenkompresse mit lauwarmem Ringelblumentee erfrischt.
- *Insektenstiche:* Frische, angequetschte Ringelblumenblüten und -blätter können bei einem Insektenstich auf die betroffene Körperstelle aufgetragen werden. Dies verringert den Schmerz und beschleunigt den Heilungsprozess.
- *Ringelblumensalbe* wirkt entzündungshemmend und wundheilungsfördernd.

Trocknen
Ringelblumen enthalten Schleimstoffe, daher müssen sie sehr gut getrocknet werden. Man trocknet die ganzen Blütenköpfe oder die ausgezupften Blütenblätter am besten mit einem Dörrapparat bei 30 bis 35 °C über mehrere Stunden oder über Nacht. Das Trockengut sollte sehr trocken sein, bevor es in gut verschließbaren Gläsern an einem kühlen, dunklen Ort gelagert wird. Tageslicht bleicht die Blüten aus!

Ringelblumenölauszug

Ringelblumenölauszug erhält man, indem man ein Marmeladenglas zu zwei Dritteln mit frisch geernteten Ringelblumenblüten (ganze Blütenköpfe) füllt. Das Glas mit Olivenöl auffüllen und 1 Woche lang, nur mit einem Haushaltspapier abgedeckt, offen stehen lassen. Nach dieser Woche das Glas mit dem Deckel verschließen, täglich sanft bewegen und weitere 2 Wochen ausziehen lassen. Nach diesen 3 Wochen die Ringelblumen absieben und das so gewonnene Ringelblumenöl in saubere, dunkle Flaschen abfüllen. Haltbarkeit: 1 Jahr an einem kühlen Ort.

Ringelblumentinktur

Ringelblumentinktur erhält man, indem man ein Marmeladenglas zu zwei Dritteln mit frisch geernteten Ringelblumen (ganze Blütenköpfe) füllt.
Das Glas mit 40-prozentigem Alkohol auffüllen und täglich sanft bewegen. Nach 3 Wochen die Ringelblumenblüten absieben und die so gewonnene Ringelblumentinktur in saubere, dunkle Flaschen abfüllen. Haltbarkeit: mehrere Jahre an einem kühlen Ort.

(Ringelblumentinktur kann auch in der Apotheke oder Drogerie gekauft werden.)

Ringelblumenwundsalbe

Für ca. 3–4 Töpfchen à 50 g:
150 ml Ringelblumenölauszug (siehe oben)
1 Handvoll frische Ringelblumenblüten (ca. 30 ausgezupfte Blütenköpfe)
10 g Lanolin/Wollfett
15 g gelbes Bienenwachsgranulat (aus der Drogerie)
15 g Ringelblumentinktur (siehe oben)
5–10 Tropfen ätherisches Lavendelöl zur Parfümierung der Salbe

Den Ölauszug im Wasserbad in einem Glasgefäß erwärmen, jedoch nicht kochen. Die ausgezupften Blüten dem warmen Öl beigeben und ½ Stunde auf gleich bleibender Temperatur (kurz vor dem Kochen) ausziehen. Die Blüten durch ein feines Sieb absieben. Lanolin im Ölauszug schmelzen, Bienenwachs beigeben und ebenfalls schmelzen lassen. Die angewärmte Ringelblumentinktur langsam dem Ölgemisch unter ständigem Rühren beigeben und die Salbe mit einem feinen Schneebesen oder Salbenrührstab bis zum Erkalten immer gut durchrühren. Bevor die Salbe ganz fest wird, das ätherische Öl beifügen und die Salbe anschließend in kleine Salbentöpfchen abfüllen. Die geöffneten Salbentöpfchen mit Haushaltspapier abdecken und die Salbe erkalten lassen. Danach die Töpfchen mit dem Deckel verschließen. Die Wundsalbe kühl und dunkel lagern. Haltbarkeit: 1 Jahr an einem kühlen Ort oder im Kühlschrank.

Tipps: Werden der Salbe zusätzlich Propolistinktur, ätherisches Kamillenöl oder Notfalltropfen beigegeben, kann die wundheilungsfördernde Wirkung verstärkt werden.

Eine besonders homogene Salbe erhält man, wenn die Tinktur mit dem Pürierstab unter den Ölauszug gemischt wird. (Das geht allerdings natürlich nur zuhause, mit Stromanschluss.)

Ringelblumen erleben, erforschen, begreifen

Landart mit Kindern

Landart unterstützt die Kinder im spielerischen Umgang mit und in der Natur. Beim Erschaffen von Naturkunstwerken geht es in erster Linie nicht darum, etwas herzustellen, sondern das Werden und Vergehen des Entstandenen zu verfolgen.

Die Kinder vertiefen sich schnell in das Gestalten mit Naturmaterialien. Da keine konventionellen Spielsachen benötigt werden, entstehen immer wieder neue Variationen der Kunstwerke. Dadurch wird die Kreativität der Kinder angeregt und eigene Ideen finden ihren Ausdruck.

Aus natürlichen Materialien, wie Ästen, Steinen, Zapfen, Blättern und Blüten, gestalten Kinder größere und kleinere Kunstwerke. Dazu braucht man genügend Zeit, Ruhe und Materialien, die man in der Natur sammeln und finden kann. Die Naturkunstwerke bleiben nach ihrer Fertigstel-

Die Kinder lieben es, ihre eigenen Naturkunstwerke herzustellen und sich darüber auszutauschen.

Das Malen mit Blüten inspiriert die Kinder zu kleinen Kunstwerken.

Malen mit Pflanzen ist auch ein Dufterlebnis.

lung in der Natur. Jede Idee ist willkommen. Es gibt kein Falsch oder Richtig, alles hat seinen Platz. Nach der Vollendung der Kunstwerke sollte man sich die Zeit nehmen, gemeinsam die einzelnen Objekte zu betrachten und sich darüber auszutauschen.

Tipp: Besonders schön ist es, wenn man die Kunstwerke abends mit einem Windlicht beleuchtet und die Objekte auf diese Weise nochmals ganz anders er- und beleben kann.

Malen mit Blüten

Die intensiven Farbtöne der Ringelblumenblüten, von leuchtendem Gelb bis zum dunklen Orange, verleihen Naturkunstwerken eine besondere Strahlkraft.

Im Frühsommer, wenn die Natur unsere Augen mit vielen Farben verwöhnt, lohnt es sich, während eines Spaziergangs durch den Garten und die Wiesen viele bunte Blüten und grüne Blätter zu sammeln. Mit den gesammelten Pflanzenfarben lassen sich wunderschöne Bilder malen. Die Kinder erleben visuell das knallige Rot des Klatschmohns, das kühle Lila des Lavendels, das dunkle Gelb des Johanniskrauts und das tiefe Grün der Minze. Beim Zerreiben der Pflanzen auf dem Papier werden ätherische Öle freigesetzt. Das Malen wird somit auch zu einem besonderen Dufterlebnis.

Für das Malen mit Blüten braucht jedes Kind ein weißes Papier (am besten Halbkarton/Tonpapier, da ein gewisser Druck nötig ist, damit die Pflanzen ihre Farbe abgeben) und möglichst viel unterschiedlich buntes Pflanzenmaterial.

Zu zieren, heilen, gleich im Ruhme
steht die beliebte Ringelblume
und öffnet sie die goldne Blüte
(die morgens zu war wie 'ne Tüte),
so wird es sich bestimmt ergeben,
dass schönes Wetter wir erleben,
und eines gilt dann ganz entschieden:
Es stört kein Regen uns hienieden!
Hört, was die Pflanze sonst noch kann,
das ist ganz toll – da ist was dran!
Selbst Herrscher haben sie erprobt,
erkannt, empfohlen und gelobt!
Ingrid K. Frank

Kräuterküche

Welche Pflanzenteile werden in der Wildkräuterküche verwendet?
Frische Blütenblätter, ausgezupft oder ganz, sowie getrocknete Blütenblätter.

Mangolassi mit Ringelblumenblüten

Für 15 Kinder

5 Becher Naturjoghurt aus Vollmilch, je 180 g
50 g Rohrohrzucker
600 g Mangopulpe aus der Dose (erhältlich im Asienladen oder Reformhaus)
Saft von ½ Zitrone
1 Vanillestange
150 ml Mineralwasser mit Kohlensäure
ca. 8 Ringelblumenblüten, ausgezupft

Joghurt, Zucker, Mangopulpe, Zitronensaft und das ausgekratzte Vanillemark in einen Krug geben und gut vermischen. Mineralwasser dazugeben. Das Lassi in einzelne Gläser abfüllen und mit Ringelblumenblütenblättern bestreuen.

Tipp: An warmen Sommertagen ist ein gekühltes Lassi eine herrliche Erfrischung!

Blumige Flaschenpost-Ratatouille

Für 3 Portionen

1 kleine grüne Zucchini
½ rote Paprika
½ gelbe Paprika
½ Zwiebel
1 Knoblauchzehe
2 kleine Tomaten
100 g Erbsen, frisch oder aus der Dose
1 Zweig frischer Rosmarin
etwas frisches Basilikum
1 gestrichener TL Gemüsebrühe
100 ml Wasser
wenig Salz, Pfeffer
einige Ringelblumenblüten

Gemüse waschen, in mundgerechte Stücke schneiden und in eine Glasflasche (1 l) füllen. Die Flasche sollte nur zu zwei Dritteln mit dem Gemüse gefüllt sein. Rosmarin und Basilikum sowie Wasser und Brühe hinzugeben. Zum Verschließen der Flasche ein Stück Baumwolltuch in die Flaschenöffnung stecken. Zum Schutz vor dem Zerspringen die Flasche mit Alufolie umwickeln und neben das Feuer stellen (wird nur durch Strahlungswärme gegart!).
Etwa 25 Minuten leicht köcheln lassen, bis das Gemüse gar ist. Das Gemüse aus der Flasche in eine Schüssel leeren, mit Ringelblumenblütenblättern bestreuen.

Tipp: Kinder mögen dazu sehr gerne Spiralnudeln und geriebenen Käse.

Achtung: Die Flasche unbedingt in Folie einpacken und sorgfältig behandeln. Bei größeren Temperaturschwankungen kann die Flasche zerspringen.
Nur am Rand des Feuers platzieren. Die Strahlungswärme reicht für den Garprozess aus.

Die Flaschen unbedingt mit Alufolie umwickeln (hier nur fürs Foto ohne)!

Zitronenspaghetti mit Ringelblumenblüten und Karotten

Für 6–8 Portionen

2 EL Butter
Schale von 1 Zitrone
Saft von ½ Zitrone
300 ml saurer Apfelsaft
300 ml Rahm (Sahne) oder halb Milch, halb Rahm
8 EL geriebener Käse
wenig Gemüsebrühe
Salz, Pfeffer
1 TL Maisstärke
500 g Spaghetti
1 große Karotte
5 gelbe und orange Ringelblumenblütenköpfe, Blütenblätter abgezupft

Für die Sauce die Butter in einer kleinen Pfanne schmelzen. Abgeriebene Zitronenschale und Zitronensaft hinzugeben und kurz andünsten.
Mit Apfelsaft ablöschen. Die Sauce etwas einkochen lassen. Rahm, geriebenen Käse, Brühe, Salz und Pfeffer dazugeben. Die Sauce mit der im Wasser aufgelösten Maisstärke binden und unter Rühren nochmals kurz aufkochen.

Spaghetti in gesalzenem Wasser bissfest kochen. Die mit dem Sparschäler in feine Streifen geschälte Karotte 2 Minuten mit den Spaghetti fertig kochen. Spaghetti und Karotte durch ein Sieb abgießen und wieder zurück in die Pfanne geben. Die fertige Zitronensauce beigeben, mischen und mit den Ringelblumenblütenblättern garnieren. Sieht herrlich aus und schmeckt himmlisch!

Blütenzauberpralinen

Für ca. 20 Kugeln

Pikante Variante:
130 g Mascarpone
100 g Parmesan, gerieben
1 EL gemahlene Haselnüsse
2 EL Kräuter, z. B. Thymian, Basilikum, Bärlauch, Giersch, Löwenzahn, Liebstöckel, Schaumkraut, Rosmarin, wenig Zitronenverbene oder -melisse
Pfeffer, Meersalz

Süße Variante:
130 g Mascarpone
100 g gemahlene Kokosflocken oder Haselnüsse
1 EL Honig oder Birnel (Birnendicksaft)
1 kleine Handvoll Blütenblätter, z. B. von Ringelblume, Rose, Wiesensalbei, Goldmelisse, Königskerze, Stockrose

Für die pikante Variante alle Zutaten bis auf die Kräuter gründlich mischen und kleine Kugeln von 1,5 cm Durchmesser formen. Die Kugeln in 2 Portionen aufteilen. Die 1. Portion Kugeln bleibt weiß. Die 2. Portion in einer Mischung aus Kräutern wenden, die zuvor mit dem Wiegemesser fein geschnitten wurden.

Für die süße Variante genauso vorgehen wie bei der pikanten Variante.

Tipp: Am besten mit kühlen Händen herstellen.

Gurkenschlange und Blütentomaten

Für 4 Portionen

1 Salatgurke
1 Mozzarella
6 längliche Tomaten
einige grüne Oliven
einige gelbe und orange Ringelblumenblütenköpfe, ausgezupft
evtl. feines Meersalz

Von der Gurke oben und unten ein größeres Stück abschneiden. Den Rest in gleichmäßige Teile schneiden. 2 Tomaten und den Mozzarella ebenfalls in gleichmäßige Scheiben schneiden. Nun beginnt die kreative Phase: Mit einem Küchenmesser aus dem oberen und unteren Gurkenstück das Kopf- und Schwanzteil der Gurkenschlange schnitzen. Das Schwanzteil auf einen Grillspieß spießen. Abwechselnd Tomaten-, Mozzarella- und Gurkenscheiben hinzufügen. (Bei einer langen Gurke benötigt man 2 Grillspieße.) Zuletzt das Kopfteil aufspießen. Die Oliven halbieren oder in Ringe schneiden und damit das Schlangengesicht gestalten. Die fertige Schlange auf ein Holzbrett legen und mit Ringelblumenblütenblättern sowie eventuell mit Meersalz bestreuen.

Für die Blütentomaten 4 längliche Tomaten oben kreuzweise einschneiden und eine Ringelblumenblüte einsetzen.

Tipp: Die Blütentomaten sehen als Tischdekoration oder als Tischkärtchen beim Kindergeburtstag hübsch aus.

Ein Ungeheuer aus dem regennassen Wald

Gurken, Tomaten, Mozzarella werden in gleichmäßige Scheiben oder Stücke geschnitten – und dann kann man der Kreativität freien Lauf lassen.

Crêpes-Variationen pikant und süß

Für 5 Crêpes

Teig:
150 g Weißmehl (Weizenmehl, Type 405)
80 g Buchweizenmehl
1 TL Salz
1 Prise Pfeffer
1 TL Sonnenblumenöl
300 ml Milch
100 ml Wasser
2 Eier
20 g Butter

Füllung pikant:
1 rote Paprika
1 gelbe Paprika
Pfeffer, Salz
250 g frische Champignons
1 Zwiebel
100 g Speckwürfel
100 g Fetakäse oder Mozzarella
1 Handvoll Ringelblumenblütenblätter

Füllung süß:
Ahornsirup
frische Himbeeren
1 Handvoll Ringelblumenblütenblätter
einige Gänseblümchen
einige Braunellenblütenköpfe

Für die Zubereitung der Crêpes benötigt man eine Stahlplatte von 35 cm Durchmesser und 8 mm Dicke (Baustahl ST 37). Die Platte muss vor dem Gebrauch sehr gut mit Öl eingerieben werden. Danach wird das Öl über dem Feuer eingebrannt. Diesen Vorgang einige Male wiederholen.

Für den Teig alle Zutaten in einen Krug geben und mit dem Schneebesen sehr gut verrühren. Den Teig mindestens 1 Stunde ruhen lassen.

Die Crêpeplatte mit Sonnenblumenöl großzügig einreiben, auf den Grill über das Feuer legen und sehr gut erhitzen. Wenig Crêpeteig auf die Platte geben und zu einem dünnen Kreis verstreichen. Auf beiden Seiten goldbraun backen.

Für die pikante Füllung die rote und gelbe Paprika in Würfel schneiden, leicht dünsten und würzen. Die Champignons in Scheiben schneiden und ebenfalls leicht dünsten. Die Zwiebel fein hacken und die Speckwürfel rösten. Den Fetakäse zerbröckeln oder den Mozzarella in feine Späne schneiden.

Anschließend die fertigen Crêpes füllen. Dabei die Füllung gleichmäßig auf die 5 Crêpes verteilen. Als 1. Schicht Fetakäse oder Mozzarellaspäne auflegen, als 2. Schicht Gemüse und Speckwürfel und als 3. Schicht die Ringelblumenblüten. Die Crêpe zusammenfalten und mit Ringelblumenblütenblättern bestreuen. Heiß servieren.

Für die süße Variante die gebackenen Crêpes mit Ahornsirup beträufeln. Himbeeren, Ringelblumenblütenblätter, Gänseblümchen und Braunellenblüten auf den 5 Crêpes verteilen und die Crêpes zusammenfalten. Ein köstliches Dessert an einem lauen Sommerabend!

Tipp: Wunderbar schmecken die Crêpes, wenn sie mit einer Kugel Vanilleeis gefüllt werden.

Die Eisenplatte muss vor dem Gebrauch gut erhitzt sein.
Der Crêpeteig wird gleichmäßig dünn auf der Eisenplatte verteilt.
Links pikante, rechts süße Variante.

Kleine Geschenke oder für den Vorrat

Ringelblumentaler

Ergibt ca. 32 Taler

200 g dunkle Blockschokolade
einige frische Ringelblumenblüten, gelb und orange
1–2 EL Mandelstifte
1–2 EL Rosinen
1–2 EL getrocknete Cranberrys
evtl. 1 EL rosa Pfefferkörner

Die Schokolade in eine Metallschüssel bröckeln. In einem Topf Wasser erhitzen und die Schokolade im Wasserbad schmelzen. Sobald sie geschmolzen ist, die Schokolade löffelweise entnehmen und auf einem Backpapier dünne Taler formen. Die Schokotaler sofort mit Ringelblumenblütenblättern, Mandelstiften, Rosinen und Cranberrys bestreuen. Für Erwachsene können einige Taler mit rosa Pfefferkörnern bestreut werden. Die erkalteten Schokotaler in Zellophantüten abpacken oder gleich genießen.

Aromatisierter Blütenzucker

Zutaten pro Kind:

2 EL Zucker
getrocknete Ringelblumenblüten
einige getrocknete Zitronen- oder Orangenschalen

Den Zucker in einen Mörser geben. 1 Esslöffel Blüten dazugeben. Je nach gewünschter Geschmacksrichtung außerdem 1 Esslöffel getrocknete Orangen- oder Zitronenschale hinzugeben. Alles gut mörsern und in kleine Gläser abfüllen. Dieser Zucker kann zum Bestreuen von Blütenbrötchen oder zum Süßen von Fruchtdesserts verwendet werden. Die Kinder nennen ihn Zauberzucker.

Tipp: Grüner Kräuterzucker lässt sich aus getrockneten Blättern der Linde, der Brennnessel und der Birke herstellen. Zudem kann man zum Aromatisieren von Zucker getrocknete Lavendel- oder Rosenblütenblätter verwenden. Wer einen würzigen Zucker möchte, der nimmt getrocknete Zitronenthymian- oder Zitronenverbenenblätter.

Pflegender Ringelblumen-Lippenbalsam

Für 10–12 kleine Dosen

100 ml Ringelblumenölauszug (siehe Seite 112)
10 g weißes Bienenwachsgranulat (aus Drogerie oder Apotheke)
pinkfarbener Lippenstift
10 Tropfen ätherisches Vanille- oder Rosenöl

Ringelblumenöl in einem kleinen Topf leicht erwärmen. Das Bienenwachs beigeben und rühren, bis es geschmolzen ist. ½ cm Lippenstift beigeben und weiterrühren, bis auch dieser geschmolzen ist. Die Mischung vom Herd nehmen und etwas auskühlen lassen. Das ätherische Öl hinzugeben. Den noch flüssigen Balsam in kleine Dosen abfüllen. Bis zum völligen Erkalten die Dosen offen lassen und nur mit Küchenpapier abdecken, damit sich kein Kondenswasser bildet.

Ringelblumentaler

Immer beliebt: selbst zubereitetes Popcorn

Popcorn mit Ringelblumen-Blütenzucker

2 EL Sonnenblumenöl
1 Handvoll Popcorn

Das Öl in einen großen Topf geben und das Popcorn dazugeben. Den Topfdeckel schließen und den Topf über dem Feuer erhitzen. Wenige Minuten warten, bis alle Maiskörner gesprungen sind. Den Topf vom Feuer nehmen und einige Minuten zugedeckt stehen lassen. Danach den Deckel öffnen und das fertige Popcorn mit Blütenzucker (siehe links) bestreuen.

Farbenfrohe Sommerteemischung

Duftrosenblütenblätter, z. B. Rose de Resht
Kornblumenblüten
Malvenblüten
Indianernesselblüten
Pfefferminzblätter
Ringelblumenblütenblätter
Veilchenblüten
Waldhimbeerblätter
Zitronenverbenenblätter

alles zu gleichen Teilen, getrocknet

Die getrockneten Blütenblätter und Blätter sorgfältig mischen und in hübsche Tüten oder Säckchen füllen: ein schönes Geschenk für alle Freunde, Bekannte und Verwandte!

Tipp: Der Tee schmeckt auch kalt sehr gut. Er kann mit frischem Zitronensaft ergänzt werden. Zum Süßen kann man Honig oder einige Tropfen flüssiges Stevia-Konzentrat verwenden.

Weitere Rezepte:
Ringelblumenbutter, salzig und süß, Seite 171 und 173

Winter

Im Winter gönnt sich die Natur ihre wohlverdiente Ruhepause. Nach dem großen Erntesegen im Herbst hält sie ihren Winterschlaf und sammelt die Kräfte, die sie für ein neues Erwachen braucht. Wir Menschen ziehen uns in dieser Zeit vermehrt in die gut geheizten Stuben zurück. Doch gerade auch im Winter, wenn es in der Natur ganz still geworden ist, die ersten Schneeflocken leise vom Himmel fallen, der Wind uns um die Nase pfeift und wir wehmütig an die letzten warmen Herbsttage zurückdenken, hat das Kochen im Freien einen besonderen Reiz und kann zu einem unvergesslichen Erlebnis werden. Eine Suppe, die den Körper von innen wärmt, ist schnell zubereitet und nach ihrem Genuss fühlt man sich gestärkt und voller Tatendrang. Wenn dann am 6. Dezember der Nikolaus zu den Wintergästen zählt, wird aus dem einfachen Mahl ein wahres Freudenessen.

Der Winter in Sprichwörtern

- Im Advent viel Schnee und Frost, im Folgejahr viel Korn und Most.
- Regnet es an Sankt Nikolaus, wird der Winter streng und graus.

Advent

Seit dem 8. Jahrhundert kündet der Advent den Beginn des Kirchenjahres an. »Adventus« heißt »Ankunft« und steht für die Ankunft Christi. Früher (im 5. Jahrhundert) gab es sechs Adventssonntage, heute feiern wir an vier Sonntagen die Adventszeit und freuen uns dabei auf das christliche Weihnachtsfest.

In vielen Familien ist es immer noch Brauch, in der Adventszeit die Kerzen auf einem Adventskranz anzuzünden. Wisst ihr, dass der erste Adventskranz 24 Kerzen hatte?

1838 entzündete der Theologe Johann Hinrich Wichern, der damals in Hamburg Waisenkinder betreute, in der Adventszeit jeden Tag eine Kerze. Später stellte er die Kerzen auf einen Holzkranz, den er vorher mit Tannengrün geschmückt hatte. Heute gibt es diesen Brauch in vielen Ländern. Der heutige Adventskranz hat jedoch nur noch vier Kerzen – für jeden Adventssonntag eine.

Einen Adventskranz herstellen

Material:
1 Strohkranz
4 große Kerzen
viel Tannengrün
grüner Bindedraht
fester Draht für die Befestigung der Kerzen
Blumenschere

Sehr viel Tannengrün (von Fichte oder Weißtanne), das man im Wald gesammelt oder beim Gärtner gekauft hat, in regelmäßige Teile schneiden. Nun die Äste mit dem Bindedraht gleichmäßig und fest an den Strohkranz binden, bis dieser ganz mit Tannengrün bedeckt ist. 4 feste Drähte von circa 25 cm Länge (je nach Dicke des Kranzes), die kurz zuvor an einer Kerzenflamme erwärmt wurden, in die Standflächen der Kerzen bohren. Wenn der Kranz rundum gebunden ist, die 4 Kerzen gleichmäßig auf dem Kranz verteilen und mit den vorbereiteten Drähten am Kranz festbinden.

Tipp: Der Kranz kann zusätzlich mit roten Bändern, Zieräpfeln und Nüssen geschmückt werden.

Achtung: Die Kerzen nicht mehr anzünden, wenn das Tannengrün schon sehr trocken ist – Brandgefahr!

Der Winter zeigt sich von seiner schönsten Seite und lockt zu Spiel und Spaß im Schnee.

Am Nikolaustag

Horcht einmal hinaus!
Bald kommt Herr Nikolaus!
Er geht herum, er klopft bumbum,
schaut dort hinauf und da hinein,
dann kommt er gar zu uns herein
und leert bei uns sein Sackerl aus,
der gute, gute Nikolaus!
Verfasser unbekannt

Im Winter

Im Winter, wenn es stürmt und schneit
Und's Weihnachtsfest ist nicht mehr weit,
Da kommt weit her aus dunklem Tann
Der liebe, gute Weihnachtsmann.

Knecht Ruprecht wird er auch benannt,
Ist allen Kindern wohlbekannt.
Er kommt mit einem großen Schlitten
Grad aus des tiefen Waldes Mitten.

In seinem Sack sind gute Sachen,
Die braven Kindern Freude machen.
Doch auch die Rute ist zur Hand
Für Kinder, die als bös bekannt.

Das mag wohl früher so gewesen sein;
Heut' gibt's nur brave Kinderlein.
Die sagen schnell ihr Sprüchlein auf,
Knecht Ruprecht macht den Sack dann auf.

Und Äpfel, Nüsse, Pfefferkuchen
Darf gleich das liebe Kind versuchen.
Knecht Ruprecht aber fährt geschwind
Davon zum nächsten art'gen Kind.
Verfasser unbekannt

Geteiltes Licht – Luminas Licht

von Laetizia Giannini-Studer

Es war einmal eine Laterne. Ihr Name war Lumina. In der Nacht ging sie gerne spazieren. In einer kalten Winternacht wanderte Lumina durch den finsteren Wald. Ihr Licht leuchtete hell, ihr Schein fiel auf den dunklen Weg. So konnte sie gut sehen. Erst war es noch ganz still im Wald. Nur ein paar Vögel zwitscherten. Aber dann wurden die Äste der hohen Bäume unruhig. Immer fester zerrte der Wind an den Zweigen. Da flackerte Luminas Licht immer mehr. Bald wurde der Wind ein richtiger Sturm. Lumina fürchtete sich: »Wenn nur mein Licht nicht ausgeblasen wird«, dachte sie und ging ganz vorsichtig weiter. Da! Plötzlich! Ein Windstoß, das Licht ging aus. Lumina stand alleine im dunklen Wald. Wie sollte sie nun ihren Weg finden?

Traurig stolperte sie zwischen hohen Bäumen herum. Endlich hörte es auf zu stürmen.

Woher aber sollte Lumina nun Licht bekommen? Doch was war das? Weit weg war ein Licht.

Und dieses Licht kam immer näher. »Eine Laterne«, dachte Lumina, »wie schön sie leuchtet!« Da lief Lumina auf sie zu und sagte: »Bitte, gib mir von deinem Licht, der Wind hat mir mein Licht ausgeblasen.« »Nein!«, sagte die andere Laterne. »Wie soll ich dir von meinem Licht geben, dann sehe ich ja nicht mehr gut«, und wendete sich mit ihrem Licht ab.

Doch Lumina bat noch einmal die andere Laterne: »Bitte, teile doch dein Licht mit mir!«

Da hatte die andere Laterne Mitleid und gab Lumina von ihrem Licht. Wie staunten da beide, als ihr beider Licht schön und hell leuchtete. Es war so, als hätte ihr Licht nie heller gestrahlt. »Ich danke dir«, sagte Lumina und wanderte froh nach Hause.

Wintersonnenwende (21. Dezember)

Nach dem Kalender beginnt nun der eigentliche Winter. Die Sonne hat ihren tiefsten Punkt überschritten. Die Natur hat sich ganz in sich zurückgezogen, um all ihre Kräfte zu bündeln und Atem zu holen für einen Neubeginn. Im Winter liegt die Kraft der Ruhe, der Sammlung, des Staunens und Verstehens. Mit den Kindern feiern wir in dieser Zeit die Lichternacht.

Wintersonnenwendfeuer

In manchen Gegenden ist es Brauch, am 21. Dezember ein Wintersonnenwendfeuer anzuzünden, um damit das ab diesem Tag wieder stärker werdende Licht der Sonne zu begrüßen.

Weihnachten

Wir feiern mit den Kindern Weihnachten in der Natur. Dazu schmücken wir eine Fichte im Wald mit Kerzen, bunten Kugeln und Nüssen. Auch für die Tiere des Waldes hängen wir etwas an den Baum.

Christbaum

Bereits im Mittelalter haben die Menschen im Winter immergrüne Zweige von Fichten, Tannen und Stechpalmen ins Haus geholt, um ihr Heim damit zu schmücken (siehe auch Fichte, Seite 149). Immergrüne Pflanzen symbolisieren Lebenskraft und Gesundheit. In vielen Kulturen ist der Baum das Symbol des ewigen Lebens. Deshalb wurden Bäume zu heiligen Orten, Gerichtsstätten, Freudenbäumen und dienten als Sitz der Götter.

Im 16. Jahrhundert wurden erstmals Tannenbäume ganz einfach geschmückt und an den Weihnachtstagen in den warmen Stuben und Weihnachtszimmern aufgestellt. Dies konnten sich damals nur wohlhabende Menschen leisten. Erst seit dem 19. Jahrhundert wird der Christbaum mit Christbaumkugeln, Kerzen, Lametta, Süßigkeiten und goldenen Motiven geschmückt.

Raunächte

Die Zeit zwischen dem 24. Dezember und dem 6. Januar bezeichnet man auch als die zwölf Rau- oder Rauchnächte. Gemeinsam mit den Kindern stellen wir eine Räuchermischung her (siehe Fichte, Seite 158).

Dreikönigskuchen essen

Den Ursprung des Dreikönigskuchens finden wir im alten Rom. Zu Ehren des Gottes Saturn wurde jedes Jahr nach ausgebrachter Wintersaat ein Volksfest gefeiert. In einem Kuchen wurde eine Bohne versteckt. Wer die Bohne entdeckte, wurde Bohnenkönig oder Bohnenkönigin und durfte für diesen einen Tag einen Hofstaat ernennen.

Statt einer Bohne kann eine geschälte Haselnuss im Kuchen versteckt werden (siehe Seite 130). Das Kind, das die Haselnuss findet, ist König oder Königin und darf sich ein Lied wünschen.

Das Licht und die Stille genießen

Dreikönigskuchen

250 g Halbweißmehl (Weizenmehl, Type 630)
1 EL Zucker
½ TL Salz
100–120 ml Milchwasser (halb Milch, halb Wasser)
15 g frische Hefe
40 g weiche Butter
1 ganze Haselnuss
1 TL Hagelzucker
1 Ei, verquirlt

Das Mehl in eine Schüssel geben, mit dem Zucker und dem Salz gut vermischen. Milchwasser leicht erwärmen, die Hefe darin auflösen und zum Teig geben. Butter dazugeben und alles einige Minuten zu einem glatten Teig verkneten. Den Teig mit einem feuchten Küchentuch zugedeckt bis zur doppelten Größe aufgehen lassen. Danach den Teig in 1 großes Mittelteil und 6 kleine Randteile zerteilen. In einem der kleinen Teile die ganze Haselnuss verstecken. Aus allen Teilen runde Kugeln formen. Ein Backblech mit Backpapier auslegen und in der Mitte die große Teigkugel platzieren, darum herum die 6 kleinen Kugeln gleichmäßig verteilen. Den Kuchen nochmals ½ Stunde aufgehen lassen. Den Backofen auf 200 °C vorheizen.
Den Kuchen mit dem verquirlten Ei bepinseln und mit Hagelzucker bestreuen. Bei 180 °C Umluft circa 30 Minuten backen. Den fertigen Königskuchen mit einer goldenen Papierkrone schmücken. Das Kind, das die Haselnuss findet, ist für einen Tag lang Königin oder König und darf die Königskrone tragen.

Tipps: Statt 250 g Halbweißmehl können auch je 125 g Halbweißmehl und Maismehl verwendet werden. Dann bekommt der Kuchen eine schöne gelbe Farbe.

Der Kuchen kann auch im Pfadfindertopf oder Dutch Oven gebacken werden. Vorgehen wie beim Marmorkuchen, Seite 85. Backdauer 30 bis 40 Minuten.

Wintersuppe für den Nikolaus

Für ca. 25 Kinder

50 ml Olivenöl
1 kleiner Sellerie
2 große Zwiebeln
3 große Karotten
1½ Lauchstangen
1 rote Paprika
5 l Wasser
12 Wiener Würstchen
300 g Nudeln, z. B. Muschelnudeln (Conchiglie)
6 Würfel Gemüsebrühe
Salz, Pfeffer, wenig Curry
1 Handvoll Wildkräuter, z. B. Löwenzahn, Spitzwegerich, Giersch, Brennnesseln, Gänseblümchen, Ringelblumenblüten (wenn noch kein Schnee liegt)

Das Gemüse waschen, schälen und in kleine Stückchen schneiden. In einem großen Pfadfinderkochtopf das Olivenöl erwärmen und das Gemüse darin rundum 10 Minuten andünsten. Mit dem Wasser ablöschen. Aufkochen lassen, die Brühwürfel beigeben und alles 5 Minuten leicht kochen lassen. Nun die Nudeln hinzugeben und weitere 10 Minuten leicht kochen lassen, bis die Nudeln gar sind. Die Wiener Würstchen in 1 cm große Stücke schneiden, dazugeben und mit der Suppe erwärmen (nicht mehr kochen). Mit Salz, Pfeffer und wenig Curry würzen. Zum Schluss die fein geschnittenen Kräuter beigeben.

Tipp: Anstelle der Nudeln können auch 200 g Rollgerste (Graupen) verwendet werden. Die Suppe wird recht dick und lässt sich mit Brühe noch verdünnen.

Die Suppe duftet und wärmt wohlig Hände und Bauch.

Haselnuss

Corylus avellana L.

»Wanderer, der du des Weges kommst und keine Hand an mich legen willst, höre mich, ehe du mir Böses tust! Ich bin die Wärme deines Herdes in kalten Winternächten. Ich bin der schirmende Schatten, wenn des Sommers Sonne brennt. Meine Früchte stillen dir den Durst auf deiner Reise. Ich bin der Balken, der dein Haus stützt, das Brett deines Tisches, das Bett, auf dem du liegst, und die Planke, mit der du dein Boot baust. Ich bin der Stiel deiner Haue, die Tür deiner Hütte. Ich bin das Brot der Güte, die Blume der Schönheit.

Wanderer, wenn du vorbeikommst, erhöre meine Bitte: Tu mir nicht weh!«

Aufschrift an den Bäumen in Portugal

Die meisten Kinder mögen Haselnüsse und ihr Aroma. Mit Haselnüssen lassen sich herrliche Kinderspiele spielen, man kann sie als Murmeln, als Spielsteine oder als »verzauberte« Nüsse verwenden. Es ist schön, sie im Herbst einzusammeln, beim Waldspaziergang mit den Kindern zu knacken, den inneren, leicht süßlichen Kern zu finden und zu genießen. Von der reifen Haselnuss werden wir genährt, versorgt und daran gemahnt, dass es nun an der Zeit ist, sich von den Nahrungsschätzen des Herbstes einen Wintervorrat anzulegen.

Botanik

Die Hasel ist ein Strauch, der zwischen 2 und 6 m hoch wird. Die Rinde der Hasel ist sehr glatt und von graubrauner Farbe. Haselbüsche sind ein wichtiger Bestandteil der heimischen Hecken. Der Haselnussstrauch kommt bis zu einer Höhe von 1800 m vor. Er wächst häufig an Waldrändern, ist anspruchslos und mag nährstoffreiche, lehmige Böden und einen hellen Standort. Die männlichen

Männliche Haselnussblüten

Die von einem Blattkelch umhüllten Haselnüsse

Blütenstände (Haselkätzchen) blühen vor dem Blattaustrieb von Ende Januar bis in den April hinein. Sie können bis zu 10 cm lang werden. Die weiblichen Blüten sind in der Knospe verborgen, nur die roten, leicht »zerzausten« Narben sind sichtbar. Aus ihnen wachsen später die essbaren Haselnüsse, die ab September geerntet werden können. Ungefähr 15 verschiedene Haselnussarten sind auf der nördlichen Erdhalbkugel beheimatet. Die Haselnuss wird in der Natur unter anderem über das Eichhörnchen verbreitet, das die Nüsse im Herbst versteckt und sie im Frühling nicht wiederfindet.

Gut zu wissen: Wie erkenne ich die Hasel?

Den Haselstrauch erkennt man an den männlichen Blütenkätzchen, die bereits Ende Januar/Anfang Februar – noch bevor die Blätter sprießen – an den Zweigen hängen. Die kleinen, roten weiblichen Blüten sind sehr unscheinbar und sitzen direkt am Zweig. Typisch für die Hasel sind auch die relativ geraden Äste, die sich aufgrund dieser Eigenschaft gut zum Herstellen von Wander- oder Musikschlagstöcken eignen. Im Herbst erkennt man den Haselstrauch an den von einem Blattkelch umhüllten Haselnüssen.

Verwechslungsmöglichkeiten: Mit anderen Haselnussarten oder aufgrund der Blätter mit dem Hamamelisstrauch, dieser hat jedoch andere Blüten.

Hinweis: Für Heuschnupfenallergiker beginnt mit der Haselblüte im Januar/Februar bereits die Zeit der Allergie. Haselnüsse sind bei empfindlichen Menschen als allergieauslösend bekannt.

Traditionen und Mythen

Nach der letzten Eiszeit vor ungefähr 8000 Jahren wuchsen Haselsträucher bei uns als Pionierpflanzen flächendeckend auf großen Gebieten. Sie gaben sogar einer ganzen Epoche (Haselzeit, vor 8500–7500 Jahren) ihren Namen.

Die wild wachsenden Haselnüsse waren früher sehr klein. Die Römer brachten auf ihren Eroberungszügen größere Nüsse mit, die bei uns zuerst in Klöstern, später dann in Bauerngärten angepflanzt wurden.

Der Haselstrauch kann bis zu 100 Jahre alt werden. Die gut biegsamen Haseläste wurden früher zum Herstellen von Körben verwendet. Haselnüsse wurden den Verstorbenen als Nahrung für das Jenseits mit ins Grab gegeben. Im Haselstrauch sollen verborgene Kräfte liegen, mit denen es den Menschen möglich sein soll, geheime Schätze zu suchen und zu finden.

Das Holz des Haselstrauches soll eine besondere Leitfähigkeit für Energien und Kraftströme besitzen. Rutengänger benutzen Haselgerten zum Aufspüren von Metall- und Wasseradern. Ein Haselzweig, der als Wünschelrute eingesetzt werden soll, soll nicht mit einem Metallgegenstand abgeschnitten werden.

Wie dem Holunderstrauch wurden auch dem Haselstrauch schützende und magische Eigenschaften zugeschrieben. So sollte er die Menschen vor Verzauberung, Krankheit und Feuer durch Blitzschlag schützen und bewahren. Man glaubte, dass jeder, der mit einer Haselrute einen Kreis um sich zieht, vor allem Unheil geschützt ist. Wer unter einem Haselstrauch schlief, dem sollte es möglich sein, in seine Zukunft zu schauen.

In Märchen und Volkssagen begegnet uns der Haselstrauch ebenfalls. So auch im Märchen »Aschenputtel« der Gebrüder Grimm. Aschenputtel wünscht sich von ihrem Vater ein Haselreisig, das es später auf das Grab der Mutter pflanzt.

In der germanischen Tradition ist die Hasel ein Symbol für Fruchtbarkeit und Zeugungskraft. Da meistens zwei Haselnüsse zusammen reifen, sah man darin ein Paarungssymbol. Aus diesem Grund durfte der Haselnussstrauch vor keinem Bauernhaus fehlen. Einem jungen Brautpaar schenkte man gerne ein Körbchen mit Haselnüssen zur Hochzeit oder bewarf das Paar nach der Trauung mit Haselnüssen.

Ähnlich wie der Holunderstrauch durfte die »Frau Haselin« zu germanischen Zeiten nicht gefällt werden. Sie galt als »Überlebens-« und Nahrungsmittel. Fremden war es untersagt, in einer Dorfgemeinschaft mehr als eine Handvoll Nüsse zu sammeln.

Übrigens: Auch im Winter kann man frische und knackige Haselnüsse genießen. Dazu getrocknete ganze Haselnüsse über Nacht in einem Glas Wasser einweichen. Am nächsten Tag sind die Nüsse frisch wie vom Baum.

Die Nüsse des Haselstrauches dienten auch als Orakelpflanzen und wurden ins Feuer geworfen, um einen Hinweis auf die richtige Liebesgefährtin zu geben. Der englische Dichter Thomas Gray (1716–1771) schrieb: »Zwei Hasel warf ich in die Flammen, und jeder gab ich eines Liebchens Namen: Mit lautem Knall zersprang die erste schnell, im Feuer leuchtete die zweite still und hell. Ach, wenn doch deine Liebe so erblühte, wie deine Nuss im Feuer glühte.«

Bäume wurden bestimmten Lebensabschnitten zugeordnet. Der Haselstrauch, die Birke und die Erle symbolisierten jeweils einen Lebensabschnitt: Der Haselstrauch stand für die Kindheit, die Birke entsprach der Jugend und die Erle symbolisierte das Alter.

Ernten/sammeln: Wo, was und wann?

Blühende *Haselkätzchen:* Ende Januar bis April
Haselblätter für Teemischungen: März bis Mai (junge, zarte Blätter sammeln)
Nüsse: ab September

Naturapotheke

- *Tees* aus den Blättern des Haselnussstrauches und den blühenden Haselkätzchen wirken gefäßverengend, blutstillend, fiebersenkend, schweißtreibend, blutbildend und anregend auf den menschlichen Stoffwechsel. Für einen Hasel-Grippetee getrocknete Haselkätzchen, Haselnussblätter, Holunderblüten, Lindenblüten und Zitronenmelisseblätter sowie eine getrocknete Zitronenschale zu gleichen Teilen mischen und einen Esslöffel dieser Mischung mit 200 ml kochendem Wasser übergießen. Den Tee 10 Minuten zugedeckt ziehen lassen und schluckweise, eventuell mit Holunderblütensirup oder Honig gesüßt, trinken.
- *Haselnussöl* wird in der Küche und auch für die Hautpflege verwendet. Es ist ein gutes Trägeröl für ätherisches Öl und eignet sich zur Herstellung von Salben. Haselnussöl wird bei problematischer, trockener und empfindlicher Haut angewendet. Seine hautpflegenden Eigenschaften machen es zu einem beliebten Massageöl.

Die Windlichter verzaubern den Spätherbst- oder Winterabend.

Windlicht Variante 1

Windlicht Variante 2

Das Windlicht verbreitet ein warmes Licht.

- *Haselnüsse* sind gehaltvolle Energiespender und werden als »Gehirn- und Nervennahrung« bezeichnet. Wir finden sie daher auch im sogenannten Studentenfutter.

Hasel erleben, erforschen, begreifen

Windlicht

Material Variante 1:
Windlichter aus Glas
Holzscheiben, Durchmesser dem Glas entsprechend, ca. 3 cm dick
verschiedene Äste von Hasel, Fichte und Holunder
Rohwolle
Fichten- oder Lärchenzapfen
verschiedene Naturmaterialien
Heißklebepistole

Variante 2:
gepresste Haselnussblätter
Backpapier (Pergamentpapier)
Heißklebepistole

Und so geht Variante 1:
Unter das Windlichtglas eine passende Holzscheibe (z. B. von Hasel, Fichte oder Birke) legen, die man auf Waldspaziergängen finden oder beim Förster bestellen kann. Rund um die Holzscheibe 3 bis 4 Äste zuerst mit der Klebepistole fixieren und danach zusätzlich Nägel einschlagen. Nun ist das Windlichtglas befestigt und kann mit Rohwolle, Lärchen- oder Fichtenzapfen und anderen Naturmaterialien verschönert werden.

Und so geht Variante 2:
Als Muster zuerst aus Zeitungspapier die auf das gewählte Windlichtglas passende Umhüllung herstellen. Dann die Form aus Backpapier (Pergamentpapier) zuschneiden. Einige gepresste Haselnussblätter mit Heißkleber auf dem Backpapier befestigen. Das Backpapier um das Windlichtglas legen und die Enden mit Heißkleber zusammenkleben.

Tipp: Das Windlicht kann auch mit anderen gepressten Blumen, Blüten, Blättern oder dünnen Rindenteilen hergestellt werden.

Hübsch verzierte Musikschlagstöcke

Bereit, den Takt anzugeben

Schlaghölzer zum Musizieren

Material:
gerade Haselnussstecken, Durchmesser ca. 2 cm
Säge
Taschenmesser
Schleifpapier

Und so geht's:

Die Haselnussstecken mit einer Säge auf die gewünschte Länge schneiden (ca. 20 cm). Nun mit einem Taschenmesser die Rinde von den Haselnussstecken vollständig abschälen. Mit einem feinen Schleifpapier die Hölzer möglichst glatt schleifen und die beiden Enden abrunden.

Die fertigen Schlaghölzer werden zum Klopfen des Taktes beim Musizieren oder zum Schlagen unterschiedlicher Rhythmen verwendet. Dazu werden die Hölzer aneinander geschlagen. Die Kinder improvisieren gerne damit.

Stockbrotstecken

Für die Stockbrotstecken oder die Wurstspieße möglichst lange Haselnussstecken absägen. Mit einem Taschenmesser auf einer Seite den Stecken anspitzen. Nun nach Belieben Muster und Ornamente in die Stecken schnitzen. Der Fantasie sind keine Grenzen gesetzt.

Hinweis: Schnitzarbeiten sollten nur größere Kinder ausführen, die mit einem Taschenmesser umgehen können. Außerdem können die Eltern beim Eltern-abend in Kindergarten oder Krippe angeleitet werden, für ihr Kind ein Waldgeburtstagsgeschenk zu schnitzen, welches das Kind das ganze Jahr über begleitet.

Hütchenspiel

Material:
3 grüne Haselnussblätter
3 rote Haselnussblätter
1 Nuss
6 stabile Pflanzenstiele, z. B. von Lavendel, Jungfer im Grünen, Getreide

Und so geht's:

Aus Haselnussblättern je 3 Hütchen formen und mit stabilen Pflanzenstielen zusammenhalten.

Spielanleitung:

Für kleinere Kinder geeignet.
Die Hütchen werden auf den Tisch gestellt. Nun beginnt das Spiel: Der Spielleiter versteckt eine Nuss und die Kinder müssen raten, unter welchem Hütchen sich die versteckte Nuss befindet.

Die verzauberte Haselnuss

Spielanleitung:

Ab 2 Spieler.
9 Haselnüsse liegen in einer Reihe. Ein Kind schließt die Augen, während die anderen eine Haselnuss aus der Reihe »verzaubern«. Nun darf das 1. Kind beginnen, eine Nuss nach der anderen zu essen. Sobald es jedoch die verzauberte Nuss berührt, rufen alle Mitspieler: »Verzaubert!«. Nun beginnt das Spiel von Neuem.

Mäusefangspiel mit Nüssen

Material:
3 Haselnüsse
Schnur
Bastelfarben
Handbohrer
Farbwürfel
Becher

Und so geht's:

Die Nüsse halbieren und an jeder Schalenhälfte mit einem Handbohrer ein kleines Loch bohren. Je ein Stück Schnur als Mäuseschwanz durch das Loch ziehen und innen verknoten. Das ist wichtig, weil der Schwanz gut befestigt sein muss. Auf den Rücken der Nussmäuse Punkte aufmalen, deren Farben den Farben auf dem Würfel entsprechen.

Spielanleitung:

Zu Beginn des Spiels sitzen alle Nussmäuse in einer Gruppe auf dem Tisch. Der 1. Spieler würfelt und versucht, mit dem Becher die Maus mit der entsprechenden Farbe zu schnappen. Die Mäuse dürfen in diesem Moment von den Spielern in Sicherheit gebracht werden, indem die Spieler an den Mäuseschwänzen ziehen, bevor der Fangbecher zuschnappt. Wer geschnappt wird, ist der nächste Fänger.

Wo ist wohl die verzauberte Haselnuss versteckt?

Die Haselmaus

von Laetizia Giannini-Studer

Die Haselmaus ähnelt zu großen Teilen unserer Hausmaus. Sie gehört zu den Schlafmäusen oder Bilchen und ist eine kleine Verwandte unseres Siebenschläfers, was ihr Schwanz uns verrät. Auffällig sind ihre schwarzen, kugeligen Augen, die sie sehr sympathisch erscheinen lassen. Sie ist von zierlicher Gestalt und Schönheit, ihr Fell zeigt eine intensive Färbung. Ihre Gesamtlänge, die bis zur Hälfte ihr Schwanz ausmacht, beträgt bis zu 14 cm. Ihr dichter und anliegender Pelz ist gleichmäßig gelblich rot gefärbt und besteht aus glänzendem, weichem Haar. An der Kehle und auf der Brust ist sie weiß. Um die Augen und Ohren ist das Fell hellrot, ihre Füße sind rot. Die Oberseite des Schwanzes ist bräunlich rot. Sie wiegt 15 bis 40 g und wirft zwischen Juni und September zweimal im Jahr zwei bis sieben Jungtiere. Ihre Jungen sind zu Beginn nackt und blind. Während der ersten sechs bis acht Wochen werden sie von ihrer Mutter gepflegt, danach gehen sie eigene Wege. Eine Haselmaus wird etwa fünf Jahre alt.

Am liebsten lebt die Haselmaus in Laubwäldern mit dichtem Unterholz. Sie baut sich ihr kugelförmiges Nest (Kobel) am Boden sowie im Geäst von Bäumen und Sträuchern. Die Haselmaus ist ein ausgezeichneter Kletterer. Den Tag verbringt sie zumeist mit Schlafen und erst mit Anbruch der Dämmerung wird sie munter und geht auf Nahrungssuche.

Im Frühling frisst die Haselmaus Knospen, Blüten und Pollen, später im Jahr saftige Beeren, aber auch kleine Insekten. Um den nötigen Winterspeck zu bekommen, frisst sie im Herbst vor allem Samen, Haselnüsse und Eicheln. Findet man angefressene und leere Haselnussschalen, kann daraus geschlossen werden, dass eine Haselmaus hier lebt.

Der größte Feind der Haselmaus ist der Wald- und Raufußkauz. Ihm sind die Haselmäuse eine willkommene Nahrung.

Im Herbst fressen sich die Haselmäuse eine dicke Speckschicht an und verdoppeln oftmals in wenigen Wochen ihr Körpergewicht. In einem gut ausgepolsterten Nest verbringen sie ihren Winterschlaf. Ihre Körpertemperatur können sie bis auf 4 °C absenken und ihr Herz schlägt dann nur noch langsam. Je nach Wetter dauert ihr Winterschlaf in Mitteleuropa von Oktober oder November bis März oder April. Auch bei kühler und nasskalter Witterung im Sommer verschläft die Haselmaus den ganzen Tag.

Redewendungen

- Gott gibt die Nüsse, aber er knackt sie nicht.
- Wer den Kern essen will, muss die Schale zerbrechen.
- Muss ist eine harte Nuss.

Zum Geburtstag

Lieber Vater! Ich kann dir gar nichts schenken,
bloß mein kleines Herz und alle meine Küsse,
und – eins, zwei, drei, vier, fünf Haselnüsse,
dabei kannst du dir
was Wunderschönes denken.
Du kannst dir denken, jede Nuss
hat ein kleines Herz, noch kleiner als das meine;
und hätte sie auch zwei kleine Beine,
lief' sie auf dich zu und gäb' dir einen Kuss,
einen wundervollen, herzhaften Geburtstagskuss!

Von Richard Dehmel (1863–1920)

Kräuterküche

Welche Pflanzenteile werden in der Wildkräuterküche verwendet?

Ganze und gemahlene Haselnüsse, die jungen Blätter und die männlichen Haselblüten für Teemischungen.

Kürbistaler mit Haselnussquark

Kürbistaler:
Kürbis, z. B. Butternusskürbis
Butter
Thymianzweig
Salz, Pfeffer
Raclettekäse

Haselnussquark:
150 g Quark
Schale von 1 Zitrone
2 EL gemahlene und geröstete Haselnüsse
Salz, Pfeffer
1 kleine Karotte
1 EL gehackte und geröstete Haselnüsse
Ringelblumenblüten

Den Kürbis waschen und in 1½ cm dicke Scheiben schneiden. Die Scheiben beidseitig mit wenig flüssiger Butter bestreichen und mit Thymian, wenig Salz und Pfeffer bestreuen. Die Scheiben in einer Bratpfanne mit etwas Butter auf beiden Seiten jeweils circa 10 Minuten braten, bis sie weich sind. Zum Schluss, wenn gewünscht, auf die Oberseite eine Scheibe Raclettekäse legen und die Kürbisscheibe so lange erhitzen, bis der Käse geschmolzen ist.

Für den Haselnussquark die Zitronenschale in den Quark reiben. Die gemahlenen Haselnüsse, Salz und Pfeffer dazugeben. Die Karotte waschen, wenn nötig, schälen und mit einer feinen Reibe ebenfalls in den Quark reiben. Alles gut mischen, mit den gehackten Haselnüssen und Ringelblumenblütenblättern bestreuen. Zu den warmen Kürbisscheiben servieren.

Tipp: Für Kinder, die gerne Fleisch essen, können die Kürbisscheiben mit Speck umwickelt und anschließend gebraten werden.

Spaghetti mit Haselnuss-Gemüse-Sauce

Für 6 Portionen

50 g Haselnüsse
300 g Karotten
100 g Lauch
1 Zwiebel
2 Knoblauchzehen
10 halbe getrocknete und in Öl eingelegte Tomaten
5 EL Olivenöl
150 ml Gemüsebrühe
Schale von 1 Zitrone und 2 EL Saft
400 g Spaghetti
150 ml Rahm (Sahne)
Salz, Pfeffer
100 g Parmesan

Die Haselnüsse in einer flachen Bratpfanne ohne Fettzugabe leicht anrösten, abkühlen lassen und fein hacken. Die Karotten in kleine Würfelchen, den Lauch in feine Streifen schneiden. Zwiebel und Knoblauchzehen schälen und fein hacken. Die getrockneten Tomaten auf Küchenpapier abtropfen lassen und fein schneiden.

In einer kleineren Pfanne das Olivenöl erhitzen. Zwiebel, Knoblauch, Karotten, Lauch und getrocknete Tomaten hinzugeben und kurz mitdünsten. Mit der Gemüsebrühe ablöschen. Die Zitronenschale und den Zitronensaft hinzugeben. Alles dünsten, bis es bissfest ist.

Gesalzenes Wasser aufkochen. Die Spaghetti ins kochende Wasser geben und kochen, bis sie bissfest sind.

Den Rahm zum Gemüse geben und alles nochmals leicht einkochen lassen. Zum Schluss die gehackten Haselnüsse beigeben und alles gut vermischen. Die Sauce mit Pfeffer und Salz abschmecken.

Die Spaghetti abgießen, mit der Gemüsesauce mischen und sofort servieren. Mit geriebenem Parmesan bestreuen.

Rotkäppchens Polenta

Für 4 Portionen

2 EL Butter
2 Knoblauchzehen
250 g grober Maisgrieß (Bramata)
1¼ l Gemüsebrühe
15 Cherrytomaten
100 g frisch geriebener Parmesan
4 EL gehackte Haselnüsse, geröstet

Die Butter in einem Topf erwärmen. Die ausgepressten Knoblauchzehen dazugeben und mit dem Maisgrieß kurz andämpfen. Die Gemüsebrühe dazugießen. Den Topf mit dem Deckel verschließen und die Polenta circa 30 Minuten gar kochen. Immer wieder umrühren. Cherrytomaten und etwas Parmesan hinzugeben, alles nochmals gut durchrühren und auf kleiner Flamme noch 10 Minuten wärmen. Die fertige Polenta anrichten und jedem Kind einen Esslöffel geröstete Haselnüsse und frisch geriebenen Parmesan darüberstreuen.

Tipp: Dazu passt eine feine Wurst vom Grill oder ein bunter Salat.

Gefüllte Birnen

Für 4 Portionen

2 große, reife Birnen, z. B. Conférence
Saft von ½ Zitrone
50 g Frischkäse
20 g geriebener Parmesan
2 EL gemahlene Haselnüsse
wenig Pfeffer
wenig fein geschnittener Schnittlauch
einige halbe Haselnüsse

Die Birnen in Viertel schneiden, vom Kerngehäuse befreien. Birnenviertel mit dem Zitronensaft bestreichen, damit sie nicht braun anlaufen. Aus den restlichen Zutaten eine streichfähige Paste herstellen. Diese mit einem flachen Messer auf die Birnenviertel streichen. Die gefüllten Birnenviertel mit halben Haselnüssen garnieren.

Haselnussknöpfligratin mit Apfelmus

Für 5 Portionen

Gratin:
250 g Halbweißmehl (Weizenmehl, Type 630)
1 TL Salz
3 Eier
100 ml Wasser
40 g Haselnüsse, gemahlen
Butter
200 ml Rahm (Sahne)
100 g Emmentaler oder Bergkäse

Haselnussstreusel:
20 g Butter
30 g Haselnüsse, gemahlen
30 g Paniermehl

Apfelmus:
5 Äpfel
Saft und etwas Schale von einer Zitrone
wenig Rohrohrzucker

Mehl, Salz, Eier, Wasser und Haselnüsse sehr gut vermischen. Den Teig mit einem Kochlöffel so lange schlagen, bis er Blasen wirft. Danach den Teig mindestens 1 Stunde zugedeckt ruhen lassen.

In einem großen Topf 3 Liter Wasser mit 1 bis 2 Esslöffeln Salz zum Kochen bringen. Den Teig durch ein Knöpfli- oder Spätzlesieb in das kochende Wasser streichen. Sobald sie an die Oberfläche steigen, die Knöpfli mit einer Schaumkelle abschöpfen und in eine Schüssel geben. Die Knöpfli anschließend in eine ausgebutterte Gratinform aus Metall geben und den Rahm darübergießen.

Die Zutaten für die Haselnussstreusel in einer Pfanne kurz anrösten. Die Knöpfli mit geriebenem Käse und den Haselnussstreuseln bestreuen und nochmals erwärmen.

Für das Apfelmus die Äpfel schälen, vom Kerngehäuse befreien und in Schnitze schneiden. In einem geeigneten Topf Wasser zusammen mit dem Zucker, dem Zitronensaft und der Zitronenschale zum Kochen bringen und die Äpfel darin weich kochen. Leicht abkühlen lassen und zum Gratin servieren.

Schokoladenstockbrot

300 g Weißmehl (Weizenmehl, Type 405)
50 g Haselnüsse, gemahlen
1 TL Salz
1 TL Zucker
30 g Butter
200 ml warmes Milchwasser (halb Milch, halb Wasser)
15 g Hefe
1 Schokoladenstängel je Kind

Mehl und Haselnüsse in eine Schüssel geben, Salz und Zucker beigeben und vermischen. Butter in dem warmen Milchwasser auflösen und ebenfalls beigeben. Hefe zerbröckeln und auch hinzugeben. Alles gut durchkneten, bis ein geschmeidiger Teig entsteht. Den Teig mindestens 1 Stunde zugedeckt ruhen lassen.

Den aufgegangenen Hefeteig gleichmäßig unter den Kindern aufteilen. Jedes Kind formt daraus eine Rolle und schiebt diese über einen Haselnussstecken. Nun das Stockbrot langsam an der Glut des Feuers backen. Das fertige Brot vom Stock lösen und sofort einen Schokoladenstängel in das warme Brot stecken.

Achtung: Nicht zu nahe ans Feuer herangehen und das Feuer sollte nicht zu stark sein, sonst verbrennt das Brot!

Tipp: Wenn's schneller gehen soll, 330 g gekauften Pizzateig mit den gemahlenen Haselnüssen verkneten. Reicht für 7 Kinder.

Schon bald ist das Stockbrot fertig.

Gugelhupf mit Haselnüssen

500 g Weißmehl (Weizenmehl, Type 405)
100 g gemahlene Haselnüsse
1 TL Salz
100 g Zucker
21 g (½ Würfel) Hefe
250–300 ml Milch
100 g weiche Butter

Das Mehl und die gemahlenen Haselnüsse mit Salz und Zucker in eine Schüssel geben. Die Hefe mit lauwarmer Milch anrühren und zu der Mehlmischung geben. Anschließend die weiche Butter beigeben und alles gut durchkneten, bis ein geschmeidiger Teig entstanden ist.

Den Teig in eine gut eingefettete Gugelhupfform füllen und mindestens 1 Stunde aufgehen lassen. Die Gugelhupfform in einem Pfadfinderkochtopf in ein Wasserbad stellen und den Topf mit dem Deckel verschließen. Den Kuchen bei kleiner, gleichmäßiger Flamme 2 Stunden »backen«. Währenddessen immer wieder einmal kontrollieren, ob noch genügend Wasser im Topf ist. Dabei den Deckel nur kurz öffnen!

Tipp: Dem Gugelhupfteig können nach Belieben weitere Zutaten beigegeben werden, z. B. Rosinen, ganze oder gehackte Haselnüsse, Mandeln oder Dörrfrüchte. Er kann auch mit Speckwürfeln verfeinert werden, dann jedoch keinen Zucker zugeben!

Haselblätter aus Schokolade

200 g Blockschokolade, Kuvertüre oder Kuchenglasur im Beutel

Die in Stücke gebrochene Schokolade in einer kleinen Pfanne schmelzen. Die Vorderseite der Haselnussblätter mit der flüssigen Schokolade bestreichen und zum Abkühlen zur Seite stellen. Wenn die Schokolade wieder fest geworden ist, die Haselnussblätter abziehen. Die entstandenen Schokoladenblätter können vernascht werden oder dazu dienen, einen Geburtstagskuchen zu dekorieren.

Tipp: Ideal ist es, die Schokoladenblätter im Freien herzustellen, wenn es draußen schon etwas kühler ist. Dann wird die Schokolade schnell schön fest.

Zutaten für das Haselnusspesto

Powerballs

Kleine Geschenke oder für den Vorrat

Haselnusspesto

- 100 g Hüttenkäse
- 125 g Haselnüsse, gemahlen und leicht angeröstet
- 200 ml Oliven- oder Sonnenblumenöl (oder gemischt)
- 60 g Tomatenmark (Konzentrat)
- 50 g geriebener Parmesan
- 1–2 EL Zitronensaft
- Pfeffer, Salz, Paprika

Alle Zutaten gut miteinander vermischen und in kleine Gläser abfüllen. Das Pesto hält sich im Kühlschrank 2 bis 3 Wochen.

Powerballs

- 100 g Haselnüsse, gemahlen
- 100 g Mandeln, gemahlen
- 5 Datteln
- 2 EL Zitronensaft
- 10 getrocknete Aprikosen, klein geschnitten
- 50 g Haferflocken, trocken geröstet
- 2 EL Sonnenblumenkerne
- wenig Birnel, Honig, Konfitüre oder in Honig eingelegte fein geriebene Orangenschale
- Sesam, Kokosflocken, Kakaopulver

Alle Zutaten bis auf Sesam, Kokosflocken und Kakao zu einem festen Teig kneten und daraus kleine Kugeln von circa 1 cm Durchmesser formen.
In drei Portionen aufteilen. Die Powerballs in den Kokosflocken, dem Sesam oder dem Kakaopulver wenden. Haltbarkeit im Kühlschrank: 3 bis 4 Wochen.

Das Wasser vorsichtig über die Haselnüsse gießen und gut rühren, damit der Zucker nicht anbrennt.

Die abgekühlten Nüsse für kleine Schleckmäuler

Gebrannte Haselnüsse

200 g ganze Haselnüsse
100 g Zucker
1 Päckchen Vanillezucker
100 ml Wasser

In einer flachen Pfanne die Haselnüsse mit dem Zucker und dem Vanillezucker langsam rösten und dabei karamellisieren lassen. Das Wasser zufügen. Zuerst wird der Zucker flüssig, dann hell und fest und danach beginnt er zu karamellisieren. Jetzt sind die Nüsse fertig und können auf ein Backpapier gegeben werden. Vorsicht! Erst probieren, wenn sie abgekühlt sind.

Nussgewürz

100 g Haselnüsse, gemahlen und geröstet
100 g Walnüsse, gemahlen
20 g feines Meersalz

Alle Zutaten gut vermischen und in ein Glas füllen. Eignet sich zum Bestreuen und Würzen von Salaten, Nudeln, Reis, Quarkspeisen und Frischkäse.

Tipp: Nussgewürz ist ein ideales Basisgewürz, um einen vegetarischen Aufstrich herzustellen. Für den Aufstrich siehe Seite 36.

Weitere Rezepte:
Haselnuss-Brotaufstrich, Seite 173

Fichte oder Rottanne

Picea abies

Fichten- und Tannendüfte schenken uns innere Ruhe und Gelassenheit. In früheren Zeiten glaubte man zudem daran, dass der stark aromatische Fichtenduft Mut und Kraft verleiht. Der immergrüne Baum sollte die Menschen vor Unholden und schlechten Einflüssen schützen. Die Botschaft der immergrünen Bäume ist das wiederkehrende Licht und somit der Sieg des Lichts über die Dunkelheit.

Botanik

Die Fichte, die zur Pflanzenfamilie der Kieferngewächse gehört, hat eine schlanke Kegelform und kann bis zu 600 Jahre alt und 50 m hoch werden. Ihre dünne Rinde ist rötlich braun oder kupferfarben. An einem Baum gibt es männliche und weibliche Zapfen. Die Zapfen hängen in reifem Zustand nach unten – im Gegensatz zu den Zapfen der Weißtanne, die wie Kerzen im Baum stehen. Fichten werfen ihre Zapfen als Ganzes ab, Tannen nicht. Die Nadeln sind 1 bis 2 cm lang, deutlich vierkantig, auf der Ober- und Unterseite grün und werden einzeln am Zweig gebildet. Sie fallen nach fünf bis acht Jahren ab. Eine neue Generation Nadeln bildet sich jedes Jahr an der Zweigspitze. Als Flachwurzler ist der Baum stark windbruchgefährdet. Die Fichte ist in Mitteleuropa beheimatet und kommt oft in Monokulturen vor. Die Blütezeit liegt zwischen April und Juni.

Gut zu wissen: Wie erkenne ich die Fichte?

Die Fichte erkennt man an ihrer rötlich-braunen Borke und den Nadeln, die im Gegensatz zur Weißtanne auf der Ober- wie auch auf der Unterseite grün sind. Ihre Zapfen hängen, während sie bei der Weißtanne stehen wie Kerzen im Baum.

Junge Fichtentriebe im Frühling

Verwechslungsmöglichkeiten: Mit anderen Fichtenarten sowie mit verschiedenen Kiefernarten, wie der Douglasie, und mit der Eibe, die aber giftig ist.

Hinweis: Es gibt Menschen, die beim Genuss von Tannenprodukten allergische Reaktionen entwickeln.

Achtung: Junge Fichtenspitzen dürfen nicht einfach im Wald in großen Mengen von den Bäumen gesammelt werden. Zuerst muss beim Förster nachgefragt werden, ob dies erlaubt ist. Privatpersonen, deren Haus von einer Hecke aus Fichten umgeben ist, gestatten es meistens gerne, dass Fichtenspitzen geerntet werden.

Traditionen und Mythen

Zur Wintersonnenwende (21.12), in der dunkelsten Jahreszeit, holten die Kelten und Germanen Fichtenzweige im Wald, um ihre Behausung zu schmücken. Als immergrüner Baum trotzte der Baum den langen, kalten Wintermonaten. So wurde die Tanne ein Sinnbild der Hoffnung und der Stärke.

Früher wurden Feinde mit Fichtenpech, sogenanntem Holzteer, übergossen (Pech entsteht nach dem Verschwelen von harzhaltigen Hölzern, zum Beispiel im Meiler, wenn Holzkohle hergestellt wird). Dies geschah bei kämpferischen Auseinandersetzungen, zum Beispiel bei der Einnahme einer Burg oder Festung. Damit schlug man die Belagerer in die Flucht. Der heutige Ausspruch »Pech gehabt« stammt aus dieser Zeit.

Weihnachtsbaum für die Vögel im Wald

»Jemanden in die Fichten führen« bedeutet »jemanden hinters Licht führen«. Nächtliche Diebe bezeichnete man im Volksmund als »Fichtegänger«. Ein »Fichtner« war derjenige, der durch den Dieb zu Schaden gekommen war.

Unsere Vorfahren zählten die Fichte zu den nährenden, bewahrenden weiblichen Bäumen. Man glaubte, dass der Baum fähig sei, die Krankheiten der Menschen zu übernehmen, und ihnen helfen könne, wieder gesund zu werden. Dieser Glaube äußert sich in folgendem Spruch: »Guten Morgen, Mutter Fichte, ich hab die reißende Gichte, ich hab sie gehabt dieses Jahr, du sollst sie haben immerdar.«

Ernten/sammeln: Wo, was und wann?

Die jungen, hellgrünen Fichtentriebe können von Mai bis Juli gesammelt werden, solange sie innen noch weich sind (aber natürlich nur mit Erlaubnis des Besitzers.

Fichtenspitzen findet man in Wäldern und in privaten Gärten von Nord- und Mitteleuropa bis Ostasien bis auf eine Höhe von 2200 m.

Naturapotheke

- *Fichtenadeltee* wirkt schleimlösend, schweißtreibend, hustenlösend, belebend, stärkend und auswurffördernd. Er kann bei Husten- und Erkältungskrankheiten getrunken werden. Hierfür eine kleine Handvoll Fichtennadeln und 2 Liter kaltes Wasser im geschlossenen Topf zum Kochen bringen, 10 Minuten zugedeckt ziehen lassen, absieben und den Tee mit wenig Fichtenspitzenhonig oder Fichtenspitzensirup süßen. Für einen Fichtennadeltee können das ganze Jahr über Fichtenzweige geerntet werden.

Die Fichtenzapfen vor der Verarbeitung einige Tage an der Wärme liegen lassen, damit sich die Zapfen öffnen.

Die Zutaten für das Vogelpicknick

- *Junge Fichtentriebe* sind eine wunderbare Ergänzung in Frühlingssalaten und Pestomischungen. Aufgrund des Vitamin-C-Gehalts geben sie den Speisen eine leicht säuerliche Note. Bei beginnendem Husten und Katarrh können junge Fichtentriebe im Mund gekaut werden.
- *Das getrocknete Fichtenharz* wird Wundsalben beigemischt. Die Salbe wirkt leicht desinfizierend, wundheilend, hauterweichend und pflegend.

Tipp: Junge Fichtentriebe im Frühling pflücken und für den Wintervorrat trocknen!

Fichten erleben, erforschen, begreifen

Rätsel

Welcher Nadelbaum wirft als einziger im Winter seine Nadeln ab und bekommt im Frühjahr neue?
A die Fichte
B die Weißtanne
C die Lärche
D die Douglasie

Lösung: C

Vogelpicknick

In der kalten Winterzeit beginnen die Vögel, sich einen Partner für das kommende Jahr zu suchen. Da zu dieser Zeit in der Natur meist alles gefroren ist, freuen sich die Vögel über das kraftspendende Winterfutter. Beim Vogelpicknick können wir Meisen, Spatzen, Rotkehlchen, Zaunkönige, Eichelhäher und andere Vögel beobachten.

Material:
500 g Kokosfett
Sonnenblumenkörner, Haferflocken, Getreidekörner (z. B. Weizen, Dinkel, Hafer, Roggen, Gerste u. a.)
einige geöffnete Fichtenzapfen
Band aus Bast

Und so geht's:

Die durch die Wärme geöffneten Fichtenzapfen mit dem weichen, zimmerwarmen Kokosfett rundum gut einstreichen. Die »fettigen« Zapfen in der Haferflocken-Körner-Mischung wälzen und die Körner gut andrücken. Oder alle Körner und Haferflocken im Verhältnis 1 : 1 mit dem Kokosfett vermischen und diese Paste in die Ritzen der Fichtenzapfen streichen. Das Bastband an den Zapfen festbinden und die Zapfen im Freien aufhängen.

Hinweis: Wer die Vögel im Winter füttert, der sollte dies den ganzen Winter über tun, denn die Vogelschar gewöhnt sich an den »gefüllten Teller«. Ansonsten lieber nicht füttern!

Tipp: Stellen Sie Ihren abgeschmückten Weihnachtsbaum in den Garten und dekorieren Sie ihn nach den Feiertagen für die Vögel mit diesem »Winterschmaus«.

Der Fichtenkreuzschnabel

Kreuzschnäbel fressen besonders gerne die Samen der Nadelbäume. Mit seinem überkreuzten Schnabel kann der Vogel die festsitzenden Samen gut herauspicken. Den Kreuzschnabel erkennt man an seinem wellenförmigen Flug und an seinen »Klipp-klipp-Rufen«. Der Kreuzschnabel baut sein stabiles Nest hoch im Baum. Pro Brut legt er zwei bis vier Eier. Bei günstigen Bedingungen brütet er sogar zweimal im Jahr.

Tastmemory

Wir geben den Kindern verschiedene Teile eines Baumes, wie Zapfen, Äste, Rinde und Baumscheiben, zum Befühlen und zum Riechen. Sie sollen herausfinden, welcher Gegenstand zu welchem Teil des Baumes gehört.

Massagezapfen

Ein Kind legt sich im Wald auf eine bemooste, weiche Stelle. Ein anderes Kind oder ein Elternteil rollt einen Fichtenzapfen sanft auf dem Rücken des Kindes auf und ab oder stupst es mit dem Zapfen – eine angenehme Naturmassage, bei der man sogar dem Vogelgezwitscher zuhören kann!

Figurenspiel

Märchen und Geschichten lassen sich im Freien mit Fichtenzapfen und weiteren Naturmaterialien sehr gut nachstellen. Der Fantasie der Kinder sind keine Grenzen gesetzt.

Die Fichtenzapfen werden mit Kokosfett umhüllt und in den Körnern gewälzt.

Fichtenzapfenmandala und Mäusefigurenspiel (links)

Erdfarben und frisches Moos schmücken eine Fichte. Aus Ton entsteht ein Baumelf.

Waldmandalas mit Fichtenzapfen

Im Wald auf einem freien Platz legen wir ein Zapfenmandala, ein Herz aus Fichtenzapfen oder ein Waldmandala aus unterschiedlichen Naturmaterialien.

Baumkunst

Fichten lassen sich dank ihrer groben Rinde mit Naturfarben, Moos und Ton (Lehm) in wunderschöne Kunstwerke verwandeln. Wir haben aus Ton einen Baumelf geformt, der uns im Wald beobachtet, und diese Fichte mit Erdfarben verschönert.

Erdfarben

Erdfarben können aus gemahlenen Steinen, zum Beispiel Ziegelsteinen, trockener Erde und Kohle, hergestellt werden.

Und so geht's:

Steine, Kohle oder Erde nach Farben sortiert im Mörser sehr fein zerreiben. Dafür braucht man etwas Geduld und Kraft. Das entstandene Pulver von gröberen Stückchen befreien und sieben. Anschließend mit Kleisterlösung und Wasser verrühren, bis die gewünschte Konsistenz erreicht ist. Die so entstandene Erdfarbe kann auf Bäume, Karton oder Papier aufgemalt werden. Während des Malprozesses die Farbe immer wieder gut umrühren, damit sich die Farbpigmente gleichmäßig verteilen. Erdfarben werden durch das Trocknen heller, sind danach jedoch lange farbecht.

Kräuterküche

Welche Pflanzenteile werden in der Wildkräuterküche verwendet?
Die jungen, noch weichen Triebspitzen im Frühling, gut getrocknetes Baumharz.

Kürbis-Orangen-Wintersuppe mit Fichtenspitzenhonig

Für 3–4 Portionen

400 g Kürbis, z. B. Hokkaidokürbis, Butternusskürbis oder gelber Zentner
1 Orange, Saft und Schale
1 mittelgroße Kartoffel
1 kleine Zwiebel
1 EL Butter
etwas Korianderpulver
300–400 ml Gemüsebrühe
100 ml Rahm (Sahne)
wenig Salz
wenig Pfeffer
wenig Zitronensaft
1 EL Fichtenspitzenhonig
pro Kind 1–2 Wiener Würstchen

Den Kürbis zerschneiden, die Samen und das schwammige Kürbisfleisch entfernen, das Fruchtfleisch, wenn nötig, schälen (ist beim Hokkaidokürbis nicht nötig) und in 1 cm große Würfel schneiden. Die abgeriebene Orangenschale und den Saft beiseitestellen. Die Kartoffel schälen und ebenfalls würfeln. Die Zwiebel schälen und fein hacken.

Die Butter erhitzen und die Zwiebel darin glasig dünsten. Kürbis- und Kartoffelwürfel beifügen, das Korianderpulver darüberstreuen und alles kurz mitdünsten. Brühe und Orangensaft hinzugeben und alles zugedeckt sehr weich kochen (ca. 3/4 Stunde).

Die Suppe durch ein Mehlsieb streichen (falls gewünscht). Den Rahm und die abgeriebene Orangenschale beifügen, nochmals kurz erhitzen und die Suppe mit Salz, Pfeffer, Zitronensaft und dem Fichtenspitzenhonig abschmecken. Die Wiener Würstchen beigeben und in der Suppe erwärmen. (Nicht mehr kochen, sonst platzen die Würstchen.)

Tipp: Die großen, weißen Kürbissamen können gewaschen, mit Haushaltspapier trockengetupft und mit wenig Salz in einer Pfanne geröstet werden. Dies ergibt eine gesunde Knabberei für zwischendurch.

Bratäpfel mit Fichtenspitzenrahm

Zutaten pro Kind:

2 EL gemahlene Haselnüsse
1 TL Rosinen
wenig Zimt
1 TL Fichtenspitzenhonig (siehe Seite 179)
wenig Rahm (Sahne)
1 säuerlicher Apfel, z. B. Boskop
Butter
ca. 100 ml Apfelsaft
200 ml Rahm (Sahne)

Den Schmortopf oder Dutch Oven mit Butter einfetten. Aus gemahlenen Haselnüssen, Rosinen, Zimt, Fichtenspitzenhonig und wenig Rahm eine streichfähige Paste herstellen. Die Äpfel mithilfe eines Apfelausstechers vom Kerngehäuse befreien (die Äpfel sollen noch ganz bleiben) und mit der Haselnusspaste füllen. Auf jeden Apfel ein Stück Butter verteilen. Die Äpfel in den Dutch Oven stellen, den Apfelsaft auf den Boden der Form gießen. Den Dutch Oven mit dem Deckel gut verschließen und in die Glut des Feuers stellen. Die Äpfel circa 20 bis 25 Minuten garen. Mit einem spitzen Messer eine Garprobe machen.

In der Zwischenzeit den Rahm steif schlagen und mit wenig Fichtenspitzenhonig süßen. Die heißen Äpfel in einer Schale anrichten und den steif geschlagenen Fichtenrahm darüber verteilen.

Winterlicher Fruchtsalat mit Fichtenspitzenhonig

Für 2–3 Portionen

1 Apfel
1 Banane
5 Datteln, fein geschnitten
2 Orangen, Schale und Saft
1–2 EL Fichtenspitzenhonig (siehe Seite 179)

Alle Zutaten fein schneiden, mit der abgeriebenen Orangenschale, dem Orangensaft und dem Fichtenspitzenhonig vermischen, zugedeckt 1 Stunde durchziehen lassen.

Die Äpfel werden ausgestochen, gefüllt und im Dutch Oven gegart. Dazu gibt es süßen Schlagrahm.

Kleine Geschenke oder für den Vorrat

Fichtenlolli

Fichtenspitzenhonig (siehe Seite 179) noch etwas länger einkochen, bis er sehr zähflüssig ist. Anschließend auf ein mit Backpapier ausgelegtes Kuchenblech geben, dabei runde Taler formen. In diese sofort einen Holzspieß (Grillspieß) hineinlegen. Die Taler auf dem Papier auskühlen lassen.

Hinweis: Die Lollis sofort genießen! Bei längerer Lagerung werden sie wieder weich.

Wintermassageöl

50 ml Mandelöl
10 Tropfen ätherisches Fichtennadelöl
7 Tropfen ätherisches Lavendelöl
2 Tropfen ätherisches Zimtrindenöl

Die ätherischen Öle mit dem Mandelöl mischen und gut schütteln. Bei Bedarf mehrmals täglich die betroffene Stelle mit angewärmten Händen damit einreiben und eventuell mit einem Wolltuch abdecken.

Raumspray

2 ml 80-prozentiger Alkohol
5 Tropfen ätherisches Fichtennadelöl
5 Tropfen ätherisches Thymianöl
5 Tropfen ätherisches Eukalyptusöl
destilliertes Wasser

Alle Zutaten in eine Sprühflasche (50 ml Inhalt, aus der Apotheke) füllen, mit destilliertem Wasser auffüllen und gut schütteln. Bei Bedarf alle paar Stunden einige Sprühstöße der Mischung im Raum verteilen.

Hinweis: Ätherische Öle für Fußbäder, Massageöl oder Raumsprays sollten von sehr guter, biologischer Qualität sein. Keinesfalls synthetische Duftöle verwenden! Diese könnten allergische Reaktionen auslösen.

Fichtenharzbalsam

Für 10 Töpfchen à 20 g

1–2 TL trockenes Fichten- oder Tannenharz
200 ml Olivenöl
20 g zerkleinertes, ungebleichtes Bienenwachs

Das Tannen- oder Fichtenharz in ein Marmeladenglas mit Schraubverschluss (kein Plastik) geben. Mit dem Olivenöl bedecken und das Harz an einem warmen Ort drei Wochen lang ausziehen lassen. Zur Entfernung von Rinden- und Schmutzpartikeln den Ölauszug erwärmen und durch ein feines Teesieb absieben.

Den abgesiebten Ölauszug im Wasserbad auf etwa 70 °C erwärmen (nicht kochen!). Das Bienenwachs unter ständigem Rühren dazugeben, bis es sich völlig aufgelöst hat. Den flüssigen Balsam in kleine Töpfchen abfüllen. Bis zum völligen Erkalten den Balsam offen, jedoch mit Haushaltspapier abgedeckt, stehen lassen, danach verschließen (Kondenswasserbildung wird so vermieden).

Tipp: Der Ölauszug kann anstelle von Harz auch mit frischen Wacholderbeeren, Thymian- oder Majorankraut hergestellt werden.

Herstellen und Abfüllen des noch flüssigen Fichtenharzbalsams

Bis zum völligen Erkalten den Fichtenharzbalsam offen stehen lassen

Räuchermischung

1 Teil getrocknete Fichtennadeln
1 Teil getrocknete Schale von 1 Orange
1 Teil getrocknete Rosmarinnadeln
wenig getrocknetes Fichtenharz

Fichtennadeln, Orangenschalen, Rosmarinnadeln und wenig Fichtenharz im Mörser gut zerkleinern und miteinander vermischen. Anschließend in kleine Dosen oder Gläser abfüllen.

Tipps: Wenn wir mit den Kindern im Winter in der Natur ein Feuer entfachen, räuchern wir zu Beginn oder zum Abschluss des Tages mit dieser Räuchermischung.

Feiern Sie doch einmal Weihnachten unter freiem Sternenhimmel an einem großen Feuer bei einem heißen Holunderpunsch (siehe Seite 105). Entzünden Sie eine Räuchermischung, die ihren weihnachtlichen Duft aus den glühenden Kohlen verströmt, und genießen Sie eine heiße Winterkürbissuppe mit Fichtenhonig!

Erkältungsbad

5 Tropfen ätherisches Fichtennadelöl
3 Tropfen ätherisches Rosmarinöl
3 Tropfen ätherisches Orangenöl
100 ml Kaffeerahm (-sahne)

Die ätherischen Öle mit dem Kaffeerahm gut vermischen. Diese Bademischung eignet sich für ein Vollbad oder mehrere Fußbäder an einem eiskalten Wintertag.

Weitere Rezepte:
Karotten-Fichten-Butter, Seite 173; Hustenhonig mit Fichtenspitzen, Seite 178; Fichtenspitzenhonig, Seite 179; Fichtenspitzensirup, Seite 180

Räuchern
Um sich vor bösen Geistern, Krankheit und Unbill im neuen Jahr zu schützen, entzündeten unsere Vorfahren in den zwölf Raunächten (24. Dezember bis 6. Januar) Räuchermischungen. Dazu wurden getrocknete Kräuter auf einem Stück glühender Kohle in einer Räucherpfanne verglimmt. Alle Räume von Haus, Hof und Stall wurden damit durchschritten und überall verbreitete sich der wohlriechende Rauch. Während der zwölf Raunächte durfte weder gedroschen, gesponnen, geputzt, gewaschen noch gepfiffen werden. Geschah etwas Besonderes in dieser Zeit, so glaubte man, dass sich dies auf das neue Jahr in negativer Form auswirken könnte.
Wenn die meisten Menschen heute auch nicht mehr an Abwehrzauber glauben, so ist es doch eine Bereicherung für den Jahresausklang, wenn man sich in dieser Zeit bewusst vom Alltagstrubel zurückzieht und an den langen Abenden eine selbst hergestellte Räuchermischung entzündet und dabei seinen Gedanken nachhängt. Kinder lieben es, Räuchermischungen herzustellen und später den aromatischen Duft, der beim Räuchern entsteht, einzuatmen.

Huflattich

Tussilago farfara L.

Diese kleine, robuste Heilpflanze, die ihre Blüten oft beim letzten Schnee im Februar/März aus der Erde treibt, lässt uns die ungehemmte Energie der Natur spüren. Im Mittelalter nannte man die Pflanze »filius ante patrem«, was übersetzt »Sohn vor dem Vater« heißt. Damit beschrieben die Menschen die »Vorwitzigkeit« der Pflanze, die zuerst ihre Blüten und – nachdem diese verwelkt sind – ungefähr sechs Wochen später ihre Blätter der Sonne entgegenstreckt. Der Huflattich weist uns zu Beginn eines neuen Jahres darauf hin, dass das Unmögliche möglich werden kann, wenn man sich täglich aufs Neue überraschen lässt und die Dinge immer wieder aus einem anderen Blickwinkel betrachtet.

Der lateinische Name der Pflanze »Tussilago farfara« kommt von der lateinischen Wendung »tussis ago« und heißt übersetzt »ich vertreibe den Husten«. »Farfara« weist auf die im frühen Stadium auf der Unterseite weißlich-bemehlten Blätter hin.

Huflattich wird schon seit Hunderten von Jahren als Hustenheilpflanze erfolgreich eingesetzt. In neuerer Zeit wurden die im Huflattich enthaltenden Pyrrolizidinalkaloide (PA) in Tierversuchen bei übermäßigem Konsum als eventuell lebertoxisch eingestuft. Ich schätze den Verzehr in »normalem« Maße als unbedenklich ein. In unseren Rezepten werden die Blüten meist nur in geringen Mengen benötigt. Die Blätter und Blütenstängel des Huflattichs sind ebenfalls essbar. Sie können in Butter gedämpft als Wildkräutergemüse gegessen werden.

Botanik

Der Huflattich ist eine mehrjährige, bis zu 20 cm hohe Heilpflanze und wird zu den Korbblütlern gezählt. Huflattich wächst häufig in Kiesgruben, Schutthalden, auf Brachland, am Wegesrand und auf kalkhaltigen Böden. Man bezeichnet die

Huflattichblüten mit verblühtem Samenstand

Pflanze auch als Bodenzeigerpflanze. Die 1 bis 2 cm großen, gelb leuchtenden Blüten duften mild nach Honig. Sie sind mit ihren weiblichen äußeren Zungen- und den männlichen inneren Röhrenblüten ein Symbol der Sonne. Erst wenn das »Hustenblümlein« verwelkt ist, beginnt das Wachstum der hufförmigen, gestielten Blätter. Die sich wie weiches Leder anfühlenden Blätter sind auf der Unterseite weißlich und weisen einen grob gezackten Rand auf. Sie haben einen Durchmesser von 10 bis 30 cm. Wir finden den Huflattich in ganz Europa, Nordasien und Nordamerika.

Tipp: Die weichen Huflattichblätter eignen sich wunderbar als Natur-Toilettenpapier.

Gut zu wissen: Wie erkenne ich Huflattich?

Huflattich erkennt man an seinen leuchtend gelben Blüten, die im zeitigen Frühling, oft bereits im Februar, ungefähr sechs Wochen vor den Blättern erscheinen. Huflattich wächst gerne auf kargem Untergrund, in Kiesgruben, auf Schutthalden und am Wegrand. Typisch sind auch seine weichen, lederartigen, etwa 10 bis 30 cm großen hufförmigen Blätter.

Verwechslungsmöglichkeiten: Die Blätter des Huflattichs können mit den Blättern der Pestwurzpflanze verwechselt werden. Pestwurzblätter sind robuster, auf der Oberseite weniger behaart, runder und am Rand weniger stark gezackt. Pestwurzblätter werden größer als die des Huflattichs. Das beste Unterscheidungsmerkmal ist jedoch die Blüte der beiden Pflanzen. Pestwurz blüht weiß-rosa, Huflattich gelb.

Verblühte Huflattichblüten ähneln denjenigen des Löwenzahns in verkleinerter Form.

Traditionen und Mythen

Bereits der Wanderarzt Hippokrates von Kos (460–377 v. Chr.) erklärte, Huflattich sei hilfreich »wider aller Gebresten der Brust«.

Mit Fingerspitzengefühl werden die Huflattichblüten gepflückt.

Die Pflanze hat viele Namen wie Rosshuf, Pferdefuß, Hufblatt, Brandlattich, Brustlattich, Fohlenfuß, Doktorblüemli, Hoflörrich, Hustenblüemli, Hitzeblätter, Sandblume, St. Quirinskraut, Tabakblüemlikraut, Schnäggeblagge oder Zytröseli.

In Notzeiten wurden Huflattichblätter und Blüten als Tabakersatz verwendet. Kandierte Huflattichblüten und -stängel sollen früher als Hustenbonbons gelutscht worden sein.

Der Huflattich ist eine sehr alte Hustenheilpflanze. In alten Kräuterbüchern findet man auch den Hinweis auf das Verräuchern der getrockneten Huflattichblätter. Dazu werden die getrockneten Blätter auf glühenden Kohlenstückchen verglimmt. Der aufsteigende Rauch wurde bei Asthma durch ein Rohr eingeatmet und entspannte dabei die Bronchien.

Ernten/sammeln: Wo, was und wann?

- *Blüten:* März bis April, nur an sonnigen Tagen vor der Vollblüte. Das Pflanzengut rasch an einem luftigen Ort trocknen.
- *Blätter:* April bis Juni
- *Wurzeln:* von September bis in den Frühling Huflattichpflanzen, die an der Sonne wachsen, sollen gehaltvoller/wirksamer als Schattenpflanzen sein.

Naturapotheke

- *Reizhusten:* Aus frischen und getrockneten Huflattichblüten und -blättern kann ein Tee hergestellt werden, der bei trockenem Reizhusten Linderung bringt. Dieser Tee erleichtert das Abhusten, wirkt entzündungshemmend und durch die enthaltenen Bitter- und Gerbstoffe stärkend auf den Organismus.
- *Husten:* Aus fein geschnittenen Huflattichblättern und Akazienhonig kann auf dieselbe Weise wie beim Spitzwegerich (siehe Erdkammerhonig mit Spitzwegerich, Seite 177) ein Honig hergestellt werden, der hustenlindernd wirkt.
- *Entzündungen im Mund- und Rachenraum: Bei* Entzündungen im Mund- und Rachenraum kann mit Huflattichtee gegurgelt werden, der aus den Blüten und Blättern hergestellt wurde.
- *Insektenstiche:* Äußerlich angewendet können die Blätter bei Insektenstichen zerrieben und auf die betreffende Stelle aufgelegt werden. Dies lindert die Entzündung und den Schmerz.
- *Bei Kopfschmerzen und leichten Verbrennungen* wirken aufgelegte Huflattichblätter kühlend und entspannend.
- *Geschwollene Füße:* Größere Blätter lassen sich gut als Schuheinlagen verwenden, zum Beispiel während einer Wanderung, und sorgen bei geschwollenen und schmerzenden Füßen für Linderung.
- *Geschwollene Augen:* Bei geschwollenen Augen wirken Teekompressen aus Huflattichblättern lindernd und abschwellend.

Huflattich erleben, erforschen, begreifen

Mühlespiel im Schnee

Material:
9 Blüten des Huflattichs, frisch oder getrocknet
9 ganze Hagebutten

Spielanleitung:

Für 2 Personen geeignet.
Mit einem Stöckchen ein Spielfeld für Mühle/Dame in den Schnee zeichnen. Die Spieler erhalten jeweils 9 Spielsteine (Huflattichblüten und Hagebutten). Jeder Spieler setzt abwechselnd je 1 Stein auf die Punkte des Spielbretts. Wer 3 Steine in einer Reihe hat (waagrecht oder senkrecht, nicht diagonal!), darf dem Gegner 1 Stein wegnehmen. Aus einer Mühle (= 3 Steine nebeneinander) darf dem Gegner kein Stein weggenommen werden. Ausnahme: Der Gegner hat nur noch 3 Steine.

Wenn alle Steine gesetzt sind, wird abwechselnd immer 1 Stein gezogen (bis zum nächsten Punkt). Wer dabei eine Mühle schließen kann, darf dem Gegner 1 Stein wegnehmen.

Hat ein Spieler nur noch 3 Steine, darf er, wenn er an der Reihe ist, mit jeweils 1 Stein zu einem beliebigen Punkt springen.

Ende des Spiels: 1 Spieler hat nur noch 2 Spielsteine oder 1 Spieler kann, wenn er an der Reihe ist, keinen Stein mehr bewegen.

Ein Zeitvertreib an einem kalten Wintertag: Mühlespiel im Schnee mit getrockneten Huflattichblüten und Hagebutten

Ein Eislicht mit getrockneten Huflattichblüten bringt Sonne in die grauen Wintertage.

Eislicht

Ein Eislicht, in das getrocknete Huflattichblüten, Samen, feine Äste und Hagebutten eingefroren wurden, ist für Kinder, die im Winter Geburtstag feiern, ein ganz besonderes Geschenk. Es bringt Sonne in die grauen Wintertage.

Material:
2 Schüsseln von unterschiedlicher Größe, die gut ineinanderpassen
getrocknete Blüten verschiedener Pflanzen
getrocknete Samen verschiedener Pflanzen
Wildfrüchte wie Hagebutten, Schlehen, Ebereschenbeeren oder ganze Haselnüsse

Und so geht's:

Die große Schüssel knapp mit Wasser füllen. Die kleinere Form in das Wasser hineinstellen und ebenfalls knapp mit Wasser füllen. Nun in den Zwischenraum der beiden Schüsseln die Blüten, Samen und Wildfrüchte streuen. Über Nacht bei Minustemperaturen die Schüsseln ins Freie stellen und gut durchfrieren lassen. Wenn das Wasser in den Schüsseln vollständig gefroren ist (dauert manchmal mehrere Tage), die Schüsseln kurz unter warmes Wasser halten, damit sie sich lösen. Zurück bleibt das gefrorene Eislicht, in welches ein Teelicht gestellt wird.

Tipp: Sehr schön wird dieses Eislicht, wenn es mit einer Gugelhupfform hergestellt wird.

Pflanzensteckbrief

Ideal für ältere Kinder.
Wir verteilen unter den Kindern folgenden Steckbrief und lassen sie die Pflanze in der Natur suchen.

Gesucht wird: Die Pflanze, welche die Sonne in ihrer Blüte trägt!

Besondere Kennzeichen: Ich gehöre zu den ersten Frühlingsblumen und bin eine Sonnenbraut, da mein Angesicht der Sonne so sehr gleicht, dass die Menschen mich mit ihr vergleichen. Gleichzeitig bin ich auch eine Heilpflanze und bringe den Menschen Linderung bei Husten, Atemwegs-, Magen- und Darmerkrankungen. Wildkräutersammler schätzen mich in der Küche, denn aus mir lassen sich feine Suppen und gut schmeckendes Gemüse zubereiten. Meine Blüten sind etwas vorwitzig, denn sie erscheinen vor den Blättern. Diese Vorwitzigkeit brachte mir im Mittelalter den Namen »filius ante patrem« (= Sohn vor dem Vater) ein. Außerdem wachse ich nicht überall, sondern nur dort, wo die Böden kalkhaltig sind. Daher bezeichnet man mich auch als Bodenzeigerpflanze. Wo findest du mich und wie heiße ich?

Vertikalgedicht: Huflattich

Jedes Kind kann seinem Alter entsprechend ein Vertikalgedicht zu verschiedenen Pflanzen verfassen und es anschließend vortragen.

H = Herzenswärme
U = Urkraft
F = Freude
L = Loslassen
A = Ankommen
T = Trost
T = Treue
I = Innigkeit
C = Charakter
H = Herzensgüte

Tischkärtchen für den Kindergeburtstag

Huflattichblätter lassen sich sehr gut zwischen Zeitungspapier trocknen und pressen. Nach einigen Tagen sind die Blätter trocken und können zu hübschen Tischkärtchen weiterverarbeitet werden. Dazu die getrockneten Blätter zwischen zwei Laminierfolien legen, den Namen des Gastes auf weißes Papier schreiben und zusammen laminieren.

Symbolik der Farbe Gelb

Gelb ist die leuchtendste Farbe in unserem Farbkreis, daher symbolisiert sie die Sonne. Vielen Göttern (Helios, Apoll) war die Farbe Gelb geweiht. Oft wird Gelb dem Gold gleichgestellt. Das Heitere, der Reichtum, das Licht und die Lebensfreude, all dies korrespondiert mit der Farbe Gelb. In einigen Ländern (Indien, Russland und im Orient) ist Gelb die Hochzeitsfarbe. Gelb steht aber auch für geistige Erleuchtung. Zudem kennen wir die Farbe Gelb als Warn- oder Signalfarbe. Im Fußball bedeutet die gelbe Karte eine Verwarnung. Im Mittelalter wurde die Farbe Gelb verwendet, um Ketzer, Juden, Prostituierte und die Mütter unehelicher Kinder zu brandmarken.

Missgünstigen, neidischen und geizigen Menschen wurde ebenfalls Gelb zugeordnet. Ein vergilbtes Bild oder ein vergilbter Stoff weisen uns darauf hin, dass ein Teil der Farbe des Originalgegenstandes verblasst ist.

Wir fragen die Kinder, welche gelb blühenden Pflanzen sie außer dem Huflattich kennen.

Verse

Eh der Lenz noch seine Fülle schüttet über Feld und Wiesen,
wollen schon an Rain und Wegen
deine gelben Blüten sprießen.
Sucht uns heim mit Grippeschnupfen noch das grimme Winterwetter,
sind die Blätter und die Blüten recht ein Talisman und Retter.
Ob wir draus ein Säftlein brauen, ob sein Blatt darf Wunden kühlen,
stets bei Husten und bei Schmerzen lind wir seine Hilfe fühlen.

Max Rieple

Huflattich

Hitzeblätter, Doktorblüemli sagt der Volksmund dieser Art.
Huflattich und Tabakblüemli vertreibt den Schnee, klein, gelb und zart.
Doch groß ist die berühmte Wirkung, wenn Leute krank und auch gesund.
Macht Kranke gesund und Gesunde munter
und tut uns auch den Frühling kund.
Zur rechten Zeit kommt er gewachsen, wenn alles hustet und verschnupft
Die Leute eilen durch die Gassen, bringt er uns gelben Sonnenduft.
Komm lieber kleiner Frühlingsbote, du meiner Kindheit Souvenir,
und zier' noch lang den öden Orte,
bring Erdenkraft und Sonne mir.

Fredy Hochstrasser

Kräuterküche

Welche Pflanzenteile werden in der Wildkräuterküche verwendet?
Blütenknospen, frische und getrocknete Blüten, frische und getrocknete Blätter.

Wärmende Karottensuppe mit Huflattichblüten

Für 5–6 Portionen

500 g Karotten
1 kleines Stück frischen Ingwer (ca. 1 cm)
2–3 EL Butter
1 EL Rohrohrzucker
1 l Gemüsebrühe
Salz, Pfeffer
200 ml Rahm (Sahne)
1 Handvoll Huflattichblüten
einige Bärlauchblätter

Karotten und Ingwer schälen, in dünne Scheiben schneiden, mit der Butter in einem Topf einige Minuten andünsten. Den Zucker darüberstreuen und etwas karamellisieren lassen. Die Gemüsebrühe beigeben und 30 Minuten kochen lassen, bis die Karotten sehr weich sind. Die Suppe durch ein Sieb oder Passevite (Flotte Lotte) passieren und wieder zurück in den Topf geben. Mit den Gewürzen abschmecken. Den Rahm steif schlagen, unter die Suppe ziehen und die Suppe zum Schluss mit den Huflattichblüten und dem Bärlauch bestreuen.

Kartoffeltaler mit Huflattichblüten und Hüttenkäse

Für 16 kleine Taler

250 g Kartoffeln
1 Karotte
Salz
2 EL Butter
100 g Paniermehl
2 TL phosphatfreies Backpulver
3 EL fein gehackte Wildkräuter, z. B. Huflattichblüten oder -blätter, Bärlauch, Giersch, Gänseblümchen und Löwenzahn
1 Ei, verquirlt
2 EL Milch
Salz, Pfeffer, wenig Muskatnuss
etwas Butter zum Braten
einige Huflattichblüten, ausgezupft
einige Bärlauchblätter, fein geschnitten
250 g Hüttenkäse

Die Kartoffeln und die Karotte schälen, klein würfeln und in wenig Salzwasser weich kochen. Das Wasser abgießen. Kartoffeln und Karotte mit der Butter mischen und mit einer Gabel gut zerdrücken. Paniermehl, Backpulver, Wildkräuter, Ei, Milch und Gewürze beigeben. Mit den Händen 16 Kugeln formen und diese etwas flach drücken. Butter in die Pfanne geben und die Kartoffeltaler gleichmäßig von beiden Seiten goldbraun braten.

Zu den Talern Hüttenkäse servieren, diesen mit den ausgezupften Huflattichblüten und Bärlauchblättern bestreuen.

Tipp: Die Kartoffel-Karotten-Masse kann gut einen Tag im Voraus vorbereitet und im Kühlschrank aufbewahrt werden. So sind die fertigen Taler am Feuer schnell gebraten. Dazu passen frischer Salat oder verschiedene Dips.

Penne mit Champignons und Huflattichblüten

Für 4–5 Portionen

150 g Champignons
wenig Butter
150 g Speckwürfel
1 kleine Zwiebel
200 ml Rahm (Sahne)
einige Bärlauchblätter, fein geschnitten
Salz, Pfeffer
250 g Penne
1 Handvoll Huflattichblüten
geriebener Käse

Die Champignons waschen, wenn nötig reinigen und in Viertel schneiden. Wenig Butter in einer Bratpfanne zergehen lassen und die Speckwürfel, die fein geschnittene Zwiebel und die Champignons darin andünsten. Den Rahm und den Bärlauch hinzufügen und alles weich kochen, mit Salz und Pfeffer würzen und beiseitestellen.

In der Zwischenzeit 2 Liter gesalzenes Wasser zum Kochen bringen und die Penne darin kochen, bis sie bissfest sind, dann das Kochwasser abgießen und die Penne abtropfen lassen. Die Huflattichblüten in wenig Butter einige Minuten auf geringem Feuer rösten und ebenfalls beiseitestellen.

Die Penne auf Teller verteilen. Die Champignon-Bärlauch-Sauce über die Penne verteilen und die gerösteten Huflattichblüten darüberstreuen. Mit geriebenem Käse servieren.

Tomatenrisotto mit Frühlingsblüten

Für 4–5 Portionen

1 Zwiebel
2 EL Öl
200 g Risottoreis
500 g passierte Tomaten
400 ml Gemüsebrühe
Salz, Pfeffer
40 g geriebener Käse
einige Frühlingsblüten, z. B. ausgezupfte Huflattich-, Gänseblümchen- oder Veilchenblüten

Die Zwiebel schälen, fein schneiden und mit dem Öl in einem Topf einige Minuten andünsten. Den Reis dazugeben und diesen ebenfalls einige Minuten glasig dämpfen. Die passierten Tomaten und die Gemüsebrühe beigeben und den Risotto unter ständigem Rühren circa 20 Minuten kochen. Kurz vor dem Servieren den geriebenen Käse unter den Risotto mischen. Über den fertigen Risotto die Frühlingsblüten streuen.

Karottengewürzbrötchen

Für 12–15 Brötchen

100 g Vollkornmehl, wenn möglich frisch gemahlen
400 g Dinkelruchmehl (Type 1050)
20 g Hefe (½ Würfel)
2 TL Rohrohrzucker
100 ml Karottensaft
1½ TL feines Meersalz
½ TL Brotgewürz (siehe Seite 168)
200 g Karotten, frisch gerieben
100–150 ml Karottensaft

Für den Vorteig Vollkorn- und Dinkelmehl in eine Schüssel geben. In der Mitte eine Mulde formen. Hefe hineinbröckeln, mit dem Zucker und dem Karottensaft mischen und etwas Mehl dazurühren, bis ein dünner Brei entsteht. Diesen Vorteig 1 Stunde gehen lassen.

Danach die restlichen Zutaten dem Teig beimischen, bis ein feuchter, glatter Teig entsteht. Den Teig zugedeckt 2 Stunden aufgehen lassen. Dann den Teig nochmals kurz durchkneten und daraus 12 bis 15 Brötchen formen. Die Brötchen in wenig Mehl wenden und im geschlossenen Pfadfinderkochtopf, der vorher mit Sand ausgestreut und mit Backpapier belegt wurde, 25 Minuten in einer gleichmäßigen Glut des Feuers backen.

Kleine Geschenke oder für den Vorrat

Blüten-Crunchys

100 g grobe Haferflocken
100 g Dinkelflocken
100 g Cornflakes
100 g Sojaflocken
4 EL Akazienhonig
4 EL Rohrohrzucker
4 EL Sonnenblumenkerne
8 EL gehackte Haselnüsse
1 TL Zimt
6 EL getrocknete Blütenblätter, z. B. von Huflattich, Ringelblume, Rose, Kornblume

Alle Zutaten außer den Blütenblättern in eine große Bratpfanne geben und circa 20 Minuten auf kleiner Flamme rundum anrösten. Die Mischung abkühlen lassen. Die Blüten gut untermischen und die Mischung in Zellophansäckchen abpacken.

Tipp: Diese Crunchy-Mischung kann über das morgendliche Müsli, über Quark oder Joghurt gestreut oder einfach mit Milch genossen werden und ist zudem ein hübsches Muttertagsgeschenk.

Brotgewürz

1 EL getrocknete Huflattichblätter
1 EL getrocknete Huflattichblüten
1 EL getrocknetes Thymiankraut
1 EL Koriandersamen
1 EL Fenchelsamen
1 EL getrocknete Liebstöckelblätter
1 EL Pfefferkörner, schwarz oder weiß
1 EL Paprikapulver
1 TL Muskatnusspulver, frisch gerieben
2 Messerspitzen Zimtpulver

Alle Zutaten außer den Pulvern im Mörser sehr gut zerstoßen. Paprika-, Muskatnuss- und Zimtpulver dazugeben und alle Zutaten nochmals gut miteinander vermischen. Zum Schluss die gröberen Pflanzenteile, die nicht zerrieben wurden, von Hand herauslesen und entfernen.

Tipp: Auf 1 Kilogramm Mehl 2 Teelöffel dieser Mischung geben.

Badesalzvariationen

Huflattichblütenbadesalz

1 kg grobkörniges Meersalz
10 ml 70-prozentiger Alkohol
½ TL ätherisches Zitronenöl
wenige Huflattichblüten
wenige Ringelblumenblüten

Das Meersalz auf ein mit Backpapier ausgelegtes Blech streuen. Den Alkohol mit dem ätherischen Zitronenöl vermischen. Über das Meersalz geben, alles gut mischen und ausgebreitet ½ Stunde offen liegen lassen, damit der Alkohol verdunstet. Wenige getrocknete Huflattich- und Ringelblumenblüten beigeben und in Zellophansäckchen oder kleine Gläser abfüllen. Mit Etiketten versehen und hübsch verzieren.

Fußbad

Dosierung: 2 bis 3 Esslöffel Huflattichblütenbadesalz in eine Wanne mit warmem Wasser geben.
Badedauer: 15 bis 20 Minuten, eventuell warmes Wasser zwischendurch nachgießen. Die Füße danach mit einem guten Körperöl einreiben und warme Socken überziehen.

Ein Fußbad hilft beim Einschlafen, wirkt beruhigend und lässt den Alltagsstress an uns abperlen. Fußbäder sind eine Wohltat an einem eiskalten Wintertag, an dem man sich lange im Freien aufgehalten hat.

Das ausgestreute Salz wird mit dem ätherischen Öl gemischt

... und anschliessend als Geschenk hübsch verpackt

Erkältungsbadesalz

10 ml 70-prozentigen Alkohol mit ½ Teelöffel ätherischer Erkältungsölmischung oder einzelnen Ölen wie Fichtennadel-, Rosmarin-, Thymian-, Eukalyptus- und Orangenschalenöl mischen. Weiteres Vorgehen wie Seite 169 beschrieben.

Weihnachtsbadesalz

10 ml 70-prozentigen Alkohol mit knapp ½ Teelöffel ätherischem Orangenzimtöl vermischen. Weiteres Vorgehen wie vorne beschrieben. In Säckchen abpacken und mit Goldfaden, Engelshaar und hübschen Etiketten verzieren.

Rosa Rosenbadesalz

10 ml 70-prozentigen Alkohol mit knapp ½ Teelöffel ätherischem Rosenholzöl und 1 bis 2 Esslöffeln Rote-Bete-Saft (je nach gewünschter Farbintensität) gut mischen. Weiteres Vorgehen wie vorne beschrieben. Mit 4 Esslöffeln getrockneten Rosenblütenblättern mischen, in Zellophansäckchen abpacken, verzieren und beschriften.

Beruhigendes Lavendelbadesalz

10 ml 70-prozentigen Alkohol mit ½ Teelöffel ätherischem Lavendelöl mischen. Weiteres Vorgehen wie vorne beschrieben. Nach dem Trocknen mit 4 Esslöffeln getrockneten Lavendelblüten mischen.

Glitzersterne-Badesalz

10 ml 70-prozentigen Alkohol mit ½ Teelöffel ätherischer Fantasieölmischung und 1 Teelöffel blauer Lebensmittelfarbe mischen. Weiteres Vorgehen wie vorne beschrieben. Nach dem Trocknen 2 Esslöffel goldene Glitzersterne aus dem Bastelgeschäft beigeben und nochmals alles gründlich mischen.

Weitere Rezepte:

Huflattichblütenaufstrich, Seite 173; Orangensirup mit Huflattichblüten, Seite 180

Variationen

Buttervariationen

Buttervariationen sind schnell fertig, schmecken Groß und Klein und die Kinder lieben es, sie herzustellen. Sie bereichern unseren Speiseplan und sind wunderbare Geschenke aus der Wildkräuterküche.

Pikante Buttervariationen eignen sich als Aufstriche auf frisches oder geröstetes Vollkornbrot, zu Kartoffeln oder zum Anbraten von Gemüse.

Haltbarkeit der pikanten Buttervariationen: etwa 2 Wochen im Kühlschrank.

Die süßen Buttervariationen eignen sich zum Bestreichen von Omeletten oder als Aufstrich auf Weißbrot und Hefezöpfen. Sie sind eine Alternative zum Marmeladenbrot. Kinder lieben diese süßen Aufstriche sehr.

Haltbarkeit der süßen Buttervariationen: etwa 1 Woche im Kühlschrank.

Bärlauchbutter

250 g Butter, sehr weich
½–1 TL feines Meersalz
1 große Handvoll Bärlauchblätter
1 Bärlauchblüte

Die Butter mit dem Salz in einer Schüssel gut verrühren. Die Bärlauchblätter sehr fein schneiden und mit der Butter gut vermischen. Die fertige Bärlauchbutter in Glas- oder Porzellanschälchen abfüllen. Mit einer Bärlauchblüte dekorieren und mit Haushaltsfolie abdecken.

Löwenzahnbutter

250 g Butter, sehr weich
½–1 TL Salz
Pfeffer
20 Löwenzahnblüten, ausgezupft
1–2 TL Currypulver
1 Briefchen Safranpulver (nicht alle Kinder mögen Safran, evtl. weglassen)

Alle Zutaten gut miteinander vermischen und in kleine Glasgefäße abfüllen.

Salzige Ringelblumenbutter

250 g Butter, sehr weich
1 Handvoll Ringelblumenblütenblätter
½ TL Himalaja- oder feines Meersalz

Die Butter mit der Hälfte der Blüten und dem Salz vermischen. Auf einem Backpapier die Masse zu einer Rolle formen. Anschließend die Butterrolle in der restlichen Hälfte der Ringelblumenblütenblätter mehrmals wenden, damit die Blütenblätter an der Butter kleben bleiben. Im Kühlschrank fest werden lassen und vor dem Verzehr in dünne Scheiben schneiden.

Karotten-Fichten-Butter

250 g Butter
100 g Karotten, frisch gerieben
3–4 EL Tomatenmark
Pfeffer
ca. 1½ TL feines Meersalz
2 EL Rosmarinnadeln, fein geschnitten
1 EL Fichtentriebe, fein geschnitten

Die Butter bei niedriger Temperatur schmelzen, geriebene Karotten, Tomatenmark, Gewürze, Rosmarinnadeln und Fichtentriebe hinzufügen und miteinander vermischen. Die flüssige Butter zum Abkühlen vom Feuer nehmen und gelegentlich umrühren, bis die Masse etwas fester ist. Nochmals gut durchrühren, dann die Butter in Schälchen abfüllen.

Süße Ringelblumenbutter

Einige Blütenblätter, z. B. von Ringelblume, unbehandelter Duftrose, Kapuzinerkresse, Duftpelargonie, Königskerze, Gänseblümchen, Rotklee oder Nachtkerze
250 g Butter
wenig Birnendicksaft oder flüssiger Honig

Die Blüten ganz fein von Hand zupfen und unter die weiche Butter rühren. Wer möchte, kann die Butter mit Birnendicksaft oder Honig leicht süßen. Einige Blütenblätter auf Backpapier streuen, die weiche Butter darin einwickeln und anschließend zur Rolle formen. Die fertige Butter bis zum Verzehr an einem kühlen Platz kalt stellen. Für jedes Kind 1 bis 2 Scheiben Brot mit der Butter bestreichen und mit Blüten dekorieren.

Bärlauchbutter, Löwenzahnbutter, Salzige Ringelblumenbutter, Karotten-Fichten-Butter, Hagebuttenbutter und Huflattichblütenaufstrich

Hagebuttenbutter

250 g Butter, sehr weich
100 g Puderzucker
abgeriebene Schale von 1 Zitrone
100 g Hagebuttenmark

Butter und Puderzucker zusammen schaumig rühren. Zitronenschale und Hagebuttenmark dazugeben und nochmals alles gut vermischen. In kleine Schälchen abfüllen und kühl stellen. Haltbarkeit im Kühlschrank: etwa 1 Woche.

Huflattichblütenaufstrich

½ Orange
½ Banane
12 Datteln
1 EL Zitronensaft
3 EL Kokosraspeln
15 frische Huflattichblüten, fein geschnitten
125 g Butter

Orange und Banane schälen und fein schneiden. Datteln entkernen und fein schneiden, danach alles mit einer Gabel fein zerdrücken (oder mit dem Pürierstab pürieren), sodass ein feiner Brei entsteht. Den Zitronensaft hinzufügen. Kokosraspeln und die fein geschnittenen Huflattichblüten zugeben. Mit der weichen Butter gut vermischen. In Töpfchen abfüllen und kühl stellen.

Haselnuss-Brotaufstrich

120 g Butter, sehr weich
1 Päckchen Vanillezucker
3 EL milder Honig
3 EL Kakao
100 g gemahlene, geröstete Haselnüsse

Butter, Zucker, Honig und Kakao sehr gut vermischen. Die gemahlenen und gerösteten Haselnüsse beigeben und nochmals alles gut vermischen. Den Aufstrich in kleine Gläser abfüllen und im Kühlschrank lagern.

Mindesthaltbarkeit im Kühlschrank: 2 Wochen. Meist ist der Aufstrich schon vorher aufgegessen!

Essigvariationen

Kräuteressig ist schnell zubereitet, gesund und sieht wunderschön aus. Die Herstellung von Kräuteressig ist eine alte Art und Weise, Kräuter zu konservieren, die wir durch das Jahr hindurch sammeln. Durch den dreiwöchigen Auszug im Essig werden wertvolle Pflanzeninhaltsstoffe herausgelöst.

Grundsätzlich eignen sich alle hier vorgestellten Heilpflanzen für die Herstellung eines Kräuteressigs. Manche Pflanzen, wie Bärlauch und Fichtenspitzen, haben ein intensives Aroma, das sie an den Essig abgeben. Andere Wildpflanzen schmecken eher mild und lieblich. Ich verwende immer biologischen Apfelessig für die Herstellung eines Wildkräuteressigs. Das Aroma des Essigs kann mit Lorbeerblättern, Pfefferkörnern, Gewürznelken, Gartenkräutern, Wildkräuterblüten sowie indischen oder asiatischen Gewürzen bereichert und verstärkt werden. Haltbarkeit der Essigsorten: mindestens 1 Jahr an einem kühlen Ort.

Bärlauchessig

1 große Handvoll Bärlauchblätter
1 l Apfelessig
1 EL Blütenhonig
1 Bärlauchblüte

Die Bärlauchblätter fein schneiden und ein großes Einmachglas damit zu zwei Dritteln füllen. Mit dem Essig übergießen.

Den Essig 3 Wochen ziehen lassen, täglich sanft schütteln und anschließend absieben. Dem fertigen Essig 1 Esslöffel Honig beigeben und nochmals gut schütteln. Hübsch sieht es aus, wenn man zum Schluss eine Bärlauchblüte einfüllt.

Essigvariationen: von links nach rechts
mit Bärlauch, Gänseblümchen, Giersch, Löwenzahn, Brennnessel, Wiesenblüten, Hagebutten, Huflattich

Kleine Waldköche kreieren einen Hagebuttenessig.

Die vorbereiteten Gläser werden mit dem Essig aufgefüllt.

Herbstlicher Hagebuttenessig

5 halbierte und entkernte Hagebutten
einige Schwarzdorn-/Schlehdornbeeren
½ Lorbeerblatt
2 Kornelkirschen oder Sanddornbeeren
2–3 Wacholderbeeren
1 Kapuzinerblüte
wenig Schale von 1 Zitrone
ca. 100 ml Apfelessig
2–3 frische Hagebutten zur Dekoration

Die Hagebutten, Beeren, das Lorbeerblatt, die Kapuzinerblüte und die Zitronenschale in eine Flasche (100 ml) geben, mit Apfelessig auffüllen und gut verschließen. Den Essig 2 Wochen bei Zimmertemperatur ausziehen lassen, anschließend absieben und wieder zurück in die Flasche füllen. 2 bis 3 frische Hagebutten zur Dekoration einfüllen.

Durch den Auszug der Wildfrüchte erhalten wir einen Essig mit vielen wertvollen Vitaminen.

Holunderblütenessig

1 Handvoll Holunderblüten
1 l Apfelessig

Die frisch gepflückten Holunderblüten in eine Flasche Apfelessig geben und 28 Tage an einem warmen Ort ausziehen lassen. Danach die Dolden absieben und den Essig in kleine Glasflaschen abfüllen – ein idealer Salatessig für die Wintermonate.

Dieser Essig kann auch als immunstärkende Medizin bei Erkältung und Grippe verwendet werden. Dazu 1 Esslöffel Essig auf ½ Liter Wasser geben und mit Honig süßen. Über den Tag verteilt trinken.

Gänseblümchenessig

500 ml Apfelessig
1 Handvoll Gänseblümchenköpfe, an einem sonnigen Tag gepflückt
1 TL milder Honig

Den Apfelessig in eine Halbliterflasche aus Glas füllen. Die Gänseblümchenköpfe und den Honig ebenfalls einfüllen. Die Flasche verschließen und den Essig einige Wochen an einem kühlen Ort ausziehen lassen. Der Essig kann später abgefiltert werden, dies ist jedoch nicht unbedingt nötig. Gänseblümchenessig kann zum Kochen und zum Herstellen von Salatsaucen verwendet werden.

In Essig eingelegte Bärlauchknospen

Die erntereifen Bärlauchsamen

Eingelegte Wald- und Wiesenknospen

Die Knospen einzelner Pflanzen, wie Bärlauch, Fichte, Gänseblümchen, Huflattich, Löwenzahn, Ringelblume und Spitzwegerich, können ebenfalls in Essig eingelegt werden. Man kann sie in Wildkräutersalaten, zu Kartoffeln mit Kräuterquark und Käse, zu Raclette oder zum Aperitif genießen.

Genügend geschlossene Pflanzenknospen
Apfelessig
Apfelsaft
etwas Honig
einige Pfefferkörner
einige Senfkörner
wenige Lorbeerblätter
wenige Gewürznelken
etwas feines Meersalz

Die gesammelten Knospen müssen sauber und trocken sein. Ein sauberes Glas (100 ml) mit Schraubverschluss zu zwei Dritteln mit den Knospen füllen. Aus Essig, Apfelsaft, Honig und den Gewürzen eine aromatische Mischung herstellen, diese kurz aufkochen und noch heiß über die Knospen gießen. Das Glas verschließen und die Knospen 3 Wochen ziehen lassen. Haltbarkeit im kühlen Keller: einige Jahre.

In Essig eingelegte Bärlauchsamen (Bärenkapern)

Bärlauchsamen
Apfelessig
Apfelsaft
Salz
wenig Honig oder Rohrohrzucker
wenig Sternanis

Die kleinen Samen des Bärlauchs (erntereif Ende Mai bis Juni) von den Stielen abzupfen und in kleine Gläser füllen. In einem kleinen Topf eine Essigmischung aus ⅔ Apfelessig, ⅓ Apfelsaft, Salz, Honig oder Rohrohrzucker und Sternanis aufkochen. Diese Essigmischung über die Früchte in die Gläser gießen. Gläser sofort gut verschließen und einige Wochen durchziehen lassen.

Diese »Bärenkapern« können als Beilage über Salate, in Quarkaufstrichen und zu Kartoffeln genossen werden. Die Essigmischung eignet sich ebenfalls zum Einlegen der Bärlauchzwiebeln, die in den Wintermonaten ausgegraben werden. Haltbarkeit im kühlen Keller: mindestens 1 Jahr.

Honigvariationen

Bei der Bienenhonigvariation gehen wie beim Essig-, Öl- oder Alkoholauszug die Inhaltsstoffe der Pflanzen in den Honig über. Wir stellen zum Beispiel Hustenhonig mit Fichtenspitzen her, eine Naturmedizin, die bei Husten teelöffelweise eingenommen werden kann und lindernd wirkt. Haltbarkeit der Honigvariationen: mindestens 1 Jahr an einem kühlen Ort.

Erdkammerhonig mit Spitzwegerich

1 große Handvoll junge Spitzwegerichblätter
400 g Akazien- oder dünnflüssiger Blütenhonig

Ein Einmachglas (Fassungsvermögen ca. 500 g) abwechselnd mit Schichten von klein geschnittenen Spitzwegerichblättern und Akazienhonig füllen. Die letzte Schicht ist eine Honigschicht. Das Glas gut verschließen, beschriften und in eine Plastiktüte einwickeln.

Nun mit einem Spaten ein Loch von etwa 50 cm Tiefe in die Erde graben, da dort eine konstante Temperatur herrscht. Das gut verpackte Glas in das Loch stellen. Ein kleines Holzbrett darüberlegen und mit Erde bedecken. Die Stelle, an der der Honig »reift«, mit einem Wimpelstock oder einem bemalten Stein markieren. Das Glas 3 Monate in der Erde ruhen lassen. Danach das Glas ausgraben und den Erdkammerhonig absieben. Den abgesiebten Honig zurück in das Glas füllen.

Die sorgfältig fein geschnittenen Spitzwegerichblätter werden mit Honig vermischt und das Glas anschließend in der Erde vergraben.

Frische Frühlingsblüten in dünnflüssigen Akazienhonig eingelegt

Ein gesunder Brotaufstrich: Hagebuttenmark mit Blütenhonig vermischt

Hustenhonig mit Fichtenspitzen

1 große Handvoll junge Fichtenspitzen
1 Glas Akazienhonig

Mit den Fichtenspitzen, dem sogenannten Maiwuchs, ein Glas zu zwei Dritteln füllen. Mit Akazienhonig übergießen, bis das Glas voll ist. Den Honig 3 Monate im kühlen Keller ziehen lassen, hin und wieder das Glas umdrehen, damit alle Inhaltsstoffe gut ausgezogen werden.

Tipp: Dieser Fichtenspitzenauszug ist ein gutes Heilmittel bei Husten und eignet sich zum Süßen von Blütenquarks und anderen Süßspeisen und Getränken.

Blütenhonig

1 Glas Akazienhonig
viele verschiedene Blüten, z. B. von Gänseblümchen, Huflattich, Klatschmohn, Königskerze, Lavendel, Löwenzahn, Malve, Quendel, unbehandelter Duftrose, Rotklee, Schlüsselblume, Taubnessel, Veilchen, Wiesensalbei

Die Blüten bei trockenem Wetter sammeln (es darf zuvor 2 Tage nicht geregnet haben), abwechselnd eine Schicht Honig, eine Schicht Blüten in ein Marmeladenglas füllen.

Dieser Honig kann sofort genossen werden. Er schmeckt herrlich auf frischem Hefezopf (siehe auch Osterbrot, Seite 12).

Tipp: Es müssen nicht alle Blüten zur gleichen Zeit eingefüllt werden. Man kann auch 1 bis 2 Wochen später noch weitere Blüten hinzufügen.

Hagebuttenhonig

1 EL Hagebuttenmark (siehe Seite 97)
Klee- oder Lindenblütenhonig

Das Hagebuttenmark in ein Glas (100 ml) geben. Das Glas mit Klee- oder Lindenblütenhonig auffüllen. Alles gut verrühren.

Tipp: Dieser gesunde, leicht orangefarbene Honig eignet sich zum Süßen von Tees und Desserts oder als Brotaufstrich und ist bei Kindern sehr beliebt.

Honigvariationen auf Zuckerbasis

Fichtenspitzenhonig
Tannenschösslingshonig

180 g junge Fichtenspitzen
1 Zitrone
1 l Wasser
1 kg Zucker

Fichtenspitzen und die in Scheiben geschnittene Zitrone in einen Topf geben, mit 1 Liter Wasser bedecken und zugedeckt aufkochen. Danach den Sud über Nacht abkühlen lassen. Am nächsten Tag (der Sud ist inzwischen milchig geworden) die Fichtenspitzen und die Zitrone absieben. Die Flüssigkeit im Verhältnis 1 : 1 mit dem Zucker vermischen und circa 1½ Stunden einkochen lassen. Den »Honig«, der nun eine dickliche Konsistenz hat, in kleine Gläser abfüllen. Haltbarkeit: mehrere Jahre im kühlen Keller.

Tipp: Dieser aromatische, leicht säuerliche Honig ist ein herrlicher Brotaufstrich. Er kann zum Süßen von Tees, Desserts, Omeletten oder Crêpes verwendet werden. Auch bei Husten ist er zu empfehlen.

Löwenzahnblütenhonig

2 l Löwenzahnblütenköpfe, bei vollem Sonnenschein gepflückt (im Messbecher sammeln)
2,2 l Wasser
1 Zitrone, in ½ cm dicke Scheiben geschnitten
2 Vanillestangen, längs aufgeschnitten und ausgekratzt
1,4 kg Zucker
15 g Zitronensäure

Die Löwenzahnblütenköpfe mit dem Wasser und den Zitronenscheiben kurz aufkochen und abkühlen lassen. Danach den Saft absieben. Den gewonnenen Saft mit Vanille, Zucker und Zitronensäure so lange kochen, bis die Flüssigkeit honigartig ist (kann bis zu 1 Stunde dauern). Wenn der »Honig« die gewünschte Dicke hat, kann er in kleine, saubere Gläser abgefüllt werden.

Tipp: Wer sich nicht so viel Zeit nehmen möchte, um den »Honig« einzukochen, kann dem Saft auch Gelierzucker beifügen im Verhältnis 1 : 1.

Tannenschösslingshonig

Löwenzahnblütenhonig auf dem Feuer

Sirupvariationen

Kinder lieben in der Regel süße Getränke. Mit den selbst hergestellten Pflanzensirupsorten können wir gleichzeitig Getränke herstellen und Desserts wie Fruchtsalate, Quarkspeisen und die Füllung der winterlichen Bratäpfel süßen. Aus Sirupvariationen lassen sich im Sommer erfrischende, alkoholfreie Bowlegetränke zaubern. Am winterlichen Lagerfeuer verfeinern sie unseren Punsch oder Glühmost mit ihren unterschiedlichen Aromen. Haltbarkeit der Sirupvariationen: 1 Jahr an einem dunklen, kühlen Ort.

Holunderblütensirup

15 Holunderblütendolden
1 l Wasser
800 g Zucker
5–10 g Zitronensäure

Die Holunderblüten an einem sonnigen Tag sammeln (damit der Sirup ein starkes Aroma bekommt, sollte es mindestens 2 Tage nicht geregnet haben) und von allen Insekten befreien.

Wasser aufkochen, Blütendolden, Zucker und Zitronensäure dazugeben und rühren, bis sich der Zucker aufgelöst hat. Zugedeckt 24 Stunden ziehen lassen. Danach die Blütendolden absieben. Die gesamte Flüssigkeit nochmals aufkochen und in saubere, kleine Flaschen abfüllen.

Tipp: Holunderblütensirup eignet sich wunderbar zum Süßen von Obstsalaten und insbesondere von Erdbeeren.

Fichtenspitzensirup

300 g junge Fichtentriebe
1 l Wasser
1 kg Zucker

Fichtentriebe mit dem Wasser in einen Topf geben, aufkochen und zugedeckt 5 Minuten leicht köcheln lassen. Über Nacht stehen lassen. Am nächsten Tag absieben. Den gewonnenen Saft mit dem Zucker zu Sirupdicke einkochen und in saubere, kleine Flaschen abfüllen.

Tipp: Dieser Sirup hilft bei Husten sowie Erkältungskrankheiten und ist zudem ein aromatischer Waldsirup.

Orangensirup mit Huflattichblüten

Schale von 1 Orange
300 ml frisch gepresster Orangensaft
150 g Rohrohrzucker
1 kleine Handvoll frische Huflattichblüten

Die Orangenschale fein hacken. Orangensaft, Zucker und Orangenschale in einem kleinen Topf aufkochen lassen und alles zu Sirupdicke einkochen. Zum Schluss die Huflattichblüten beigeben. Den Sirup mit den Huflattichblüten 10 Minuten zugedeckt ziehen lassen, danach absieben, nochmals kurz aufkochen und in saubere, kleine Flaschen abfüllen.

Orangensirup mit Huflattichblüten

Löwenzahnsirup

Tipp: Dieser Sirup eignet sich zum Süßen von Hustentees, Fruchtsalaten, süßen Quarkspeisen, Milchreis und anderen Desserts.

Spritziger Spitzwegerich-Gundermann-Sirup

3 Zitronen
2 cm frische Ingwerwurzel
250 ml Wasser
300 g Zucker
10 g Gundermannblätter
10 Spitzwegerichblätter
2 l Mineralwasser mit Kohlensäure

Die Zitronen heiß abspülen. Von einer Zitrone die Schale mit dem Sparschäler dünn abschälen. Alle Zitronen auspressen. Den Ingwer schälen und in feine Scheiben schneiden. Zitronenschale und -saft, Ingwerscheiben, Wasser und Zucker 15 Minuten bei mittlerer Hitze zu einem Sirup einkochen. Die gesäuberten Kräuter in einen Krug geben. Den Sirup durch ein Sieb über die Kräuter gießen und zugedeckt 24 Stunden ziehen lassen. Am nächsten Tag den Sirup nochmals kurz aufkochen und in kleine Flaschen abfüllen. Vor dem Servieren mit kohlesäurehaltigem Mineralwasser mischen.

Löwenzahnsirup

3 l Löwenzahnblütenköpfe (im Messbecher sammeln)
2,2 l Wasser
10 g Zitronensäure
1 kg Zucker

Die Löwenzahnblütenköpfe auf einem Tuch ausbreiten, damit alle Insekten davonkrabbeln können. Dann die Blütenköpfe in einem großen Topf mit dem Wasser übergießen und kurz aufkochen lassen. Den »Auszug« zugedeckt über Nacht stehen lassen und am nächsten Tag absieben. Diesem Saft die Zitronensäure und den Zucker beigeben und alles zu Sirupdicke einkochen. Heiß in saubere Flaschen (½ Liter) abfüllen.

Tipp: Löwenzahnsirup kann zum Süßen von Tee oder zum Aromatisieren von Fruchtsalaten verwendet werden.

Anhang

Kochen im Freien

Kochen am offenen Feuer ist für Kinder wie für Erwachsene ein Erlebnis. Nicht immer gelingt alles so, wie man es sich wünscht. Daher braucht man zum Kochen im Freien etwas Geduld, genügend Zeit, geeignetes Material und Kochgeschirr, außerdem natürlich eine Feuerstelle. Wichtig sind zudem Kreativität und Improvisationslust. Wer mit dem Kochen im Freien beginnen will, muss nicht gleich zu Anfang sämtliche Materialien und Kochgeschirr kaufen, sondern kann diese nach und nach erstehen, zum Beispiel in der Brockenstube (Gebrauchtwarenladen) oder im Haushaltswarenladen.

Meist genügt es, im Freien nur eine Mahlzeit zu kochen, denn die Kinder sollten auch ausreichend Zeit zum Spielen und Ausruhen haben. Eine heiße Suppe und ein Stück Brot stillen den Hunger und sind schnell zubereitet.

Die Kinder genießen das Kochen im Freien sehr und sind mit großer Begeisterung dabei, wenn es ans Sammeln und Zerkleinern von Wildkräutern geht. Dabei benötigen sie natürlich immer wieder mal Unterstützung. Aus diesem Grund sollten genügend Erwachsene die Kinder anleiten und begleiten, schließlich ist für viele Kinder der Umgang mit offenem Feuer nicht selbstverständlich. Doch wenn man sie beim Kochen am Feuer unterstützt, sieht man, wie viel Freude es ihnen bereitet und dass sie durch den Aufenthalt in der Natur, ohne schulischen Leistungsdruck, ruhiger und ausgeglichener werden. Indem die Kinder gleichberechtigt mithelfen, eine gesunde und wohlschmeckende Mahlzeit zu kochen, und beim gemeinsamen Essen ein Gefühl der Gemeinschaft erfahren, wird ihre Integration gefördert. Kochen im Freien vermittelt Freude und Lebenslust: Nach all meinen Kochtagen mit verschiedenen Kindergruppen fühlten wir uns anschließend nicht nur gesättigt, sondern auch glücklich, zufrieden und wohltuend müde.

Im Folgenden finden Sie Informationen über die zum Kochen im Freien benötigte Ausrüstung.

Feuer-/Grillstelle

In der Umgebung von Dörfern und Gemeinden gibt es häufig öffentliche Feuerstellen, mitunter sogar mit einem fest montierten Grill, auf dem es sich gut für viele Personen kochen lässt. Auf einem ausreichend großen Rost kann man das Essen in mehreren Töpfen kochen und warm halten.

Beim Grillen sollte darauf geachtet werden, dass das Grillgut, zum Beispiel Fladenbrot oder Würste, nicht über der Flamme gegart wird, sondern über der Glut. Das erfordert etwas Geduld und Zeit, denn das Feuer muss zuerst vollständig niedergebrannt sein, bevor das Grillgut darüber- oder hineingelegt wird.

Tragbare Feuerstelle

Zum Kochen und Backen in der freien Natur gibt es tragbare Feuerstellen aus Metall, die problemlos zu transportieren sind und es ermöglichen, auf umweltschonende Weise und bei geringem Holzverbrauch ein Feuer zu entfachen. Bezugsquellen finden sich im Internet.

Anzündwürfel herstellen

Anzündwürfel sind ein praktisches Hilfsmittel, um überall und schnell ein Feuer zu entfachen. Sogar mit leicht feuchtem Holz gelingt so das Feuermachen problemlos. Um ein Feuer zu entfachen, legt man einen Zündwürfel und etwas Holzwolle unter aufgeschichtetes Fichten- und Buchenholz. Dann wird der Zündwürfel angezündet und schon brennt das Feuer!

Material:
Toilettenpapier-Kartonhülsen
alte Korken von Weinflaschen
Holzwolle
Kerzenreste
altes Küchenmesser
2 alte Gabeln
große, leere Konservenbüchsen (Fassungsvermögen 1–5 l; erhältlich in Hotel- und Restaurantbetrieben)
Zeitungen oder alte Papiertischtücher

Herstellen von Anzündwürfeln:
Mit Holzwolle umwickelte Korken werden in Kartonhülsen gefüllt und mit Wachs getränkt.

Großer Pfadfinderkochtopf

Mittelgroßer Kochtopf

Kleine Chromnickelstahltöpfe

Dutch Oven

Und so geht's:
Die Toilettenpapier-Kartonhülsen in der Mitte durchschneiden. Einen Korken als Zündkern mit reichlich Holzwolle umwickeln und die halbierte Kartonhülse damit füllen. Die Kerzenreste in den Konservenbüchsen schmelzen. Achtung: Dieser Vorgang muss gut überwacht werden, da sich das Wachs entzünden kann, wenn es zu heiß wird. Die vorbereiteten Anzündwürfel in das flüssige Wachs tauchen, bis sie sich mit Wachs vollgesogen haben. Mit 2 Gabeln die Zündwürfel aus dem Wachs holen, auf mehreren Lagen Zeitungspapier abtropfen und dann gut trocknen lassen.

Die fertigen, trockenen Anzündwürfel in Papiertüten schichten.

Tipp: Die Anzündwürfel werden am besten im Freien hergestellt.

Töpfe/Pfannen

Großer Pfadfinderkochtopf
Ein großer Pfadfinderkochtopf aus Aluminium ist leicht und ideal für große Mengen. Outdoorgeschäfte und Pfadfinderbedarfsanbieter führen Kochtöpfe in verschiedenen Größen. Es lohnt sich, ein bis zwei große Töpfe (Fassungsvermögen 10,5 l, Durchmesser 30 cm) anzuschaffen, in denen auch kleinere Mengen gekocht werden können. Die Töpfe eignen sich zum Kochen und zum Backen. Zum Backen sollte der Pfannenboden zuerst mit einer 2 cm dicken Sandschicht bestreut und dann mit zwei Lagen Backpapier ausgelegt werden. Zum Herstellen von Popcorn wird der Deckel des Topfes geschlossen.

Mittelgroßer Kochtopf, außen geschwärzt
Kleinere Mengen kocht man am besten in einem außen geschwärzten, mitttelgroßen Kochtopf, der sich gut für die Zubereitung von Saucen und Suppen eignet. Ein solcher Topf ist in Haushaltswarengeschäften und bei Pfadfinderbedarfsanbietern erhältlich.

Kleiner Kochtopf, außen geschwärzt
Zur Herstellung von Salben und zum Erwärmen von Olivenöl im Wasserbad eignet sich ein kleiner Kochtopf.

Kleine Chromnickelstahltöpfe
Bei diesen kleinen Töpfen ist darauf zu achten, dass die Griffe ebenfalls aus Metall sind, damit der Topf problemlos auf der Feuerstelle benutzt werden kann. Sie sind in Haushaltswarengeschäften erhältlich.

Dutch Oven
Ein Dutch Oven ist ein großer, robuster, dreibeiniger Topf aus Gusseisen, der sich zum Schmoren, Braten und Backen eignet. Das Essen kann darin sehr lange warm gehalten werden, da der schwere Deckel optimal abschließt. Zu beachten ist, dass der Topf nach dem Reinigen mit Wasser und einer weichen Kunststoffbürste immer gut mit Öl eingerieben werden sollte. Dutch Ovens können über das Internet bezogen werden.

Stahlplatte

Weißblechkuchenform

Große Pfanne aus Gusseisen

Gulaschkanone

Feuerschale

Glasmessbecher

Wiegemesser

Steinmörser

Stahlplatte

Zum Backen von Omeletten und Crêpes benötigt man eine Platte aus Baustahl (ST 37, Durchmesser 35 cm, 8 mm dick). Vor dem ersten Gebrauch sollte die Platte mit viel Olivenöl eingepinselt und dann auf dem Grillrost eingebrannt werden. Anschließend muss sie regelmäßig mit Öl eingerieben werden, damit sich kein Rost bildet. Wer im Baumarkt oder beim Eisenwarenhändler nicht fündig wird, kann sich eine geeignete Stahlplatte von einem Schlosser anfertigen lassen.

Weißblechkuchenform

Zum Kuchenbacken ist eine Kuchenform aus Weißblech erforderlich (Fassungsvermögen 1,5 l, Durchmesser 21 cm), die man in Haushaltswarengeschäften oder im Gebrauchtwarenhandel erwerben kann.

Große Pfanne aus Gusseisen

Zum Rösten, Karamellisieren und Frittieren braucht man eine große gusseiserne Pfanne, die es in Haushaltswarengeschäften zu kaufen gibt.

Gulaschkanone

Ein Feldkochherd, landläufig auch Gulaschkanone genannt, ist ideal zum Kochen von Suppen und Eintopfgerichten, vor allem an Orten, an denen direkt auf der Erde kein Feuer entfacht werden darf. Man benötigt nur sehr wenig Holz zum Kochen. Erhältlich über Internethandel.

Feuerschale

Eine Feuerschale lässt sich zum Kochen und Grillen einsetzen. Der Holzverbrauch ist minimal und die Schale lässt sich überall dort einsetzen, wo direkt auf der Erde kein Feuer entfacht werden darf (Rasenflächen, Terrassen, Plattenboden). Feuerschalen sind in Fachgeschäften, Baumärkten oder im Eisenwarenhandel erhältlich.

Glasmessbecher

Ein hitzebeständiger Messbecher aus Glas wird zum Herstellen von Salben benötigt und lässt sich gut reinigen. Erhältlich im Haushaltswarengeschäft oder in pharmazeutischen Fachgeschäften.

Anstelle eines Glasmessbechers kann eine beschichtete Konservendose verwendet werden, in die mit einer Zange eine Ausgussöffnung eingebogen wird.

Span-/Weidenkörbchen

Palmblattsuppenschälchen

Emailgeschirr

Milchflaschen

Wiegemesser

Wiegemesser gibt es in unterschiedlichen Größen. Wenn den Kindern der Umgang mit dem Messer gut erklärt wird, besteht kaum eine Verletzungsgefahr, da beim Schneiden beide Hände eingesetzt werden. Wiegemesser sind in Haushaltswarengeschäften erhältlich.

Unbehandeltes Holzbrett

Als Unterlage zum Schneiden oder als Anrichtebrett eignet sich ein Brett aus unbehandeltem Abfallholz, nach dem man in Tischlereien oder im Baumarkt fragen kann.

Kunststoffschneidebretter

Als Schneideunterlage benötigte Kunststoffbretter werden in unterschiedlichen Größen von Haushaltswarengeschäften geführt.

Metallschüsseln

Schüsseln aus Metall sollte man sich in mehreren Größen zulegen. Die unverwüstlichen, langlebigen Schüsseln sind in Haushaltswarengeschäften erhältlich.

Steinmörser

Asiatische Lebensmittelgeschäfte führen meist unterschiedlich große Steinmörser, die beispielsweise zum Zerstoßen getrockneter Kräuter benötigt werden.

Span-/Weidenkörbchen

Zum Sammeln von Blüten und Kräutern benötigt man kleine Körbe, die in Haushaltswarengeschäften oder auf Flohmärkten zu finden sind.

Palmblattsuppenschälchen

Dieses kompostierbare Einweggeschirr sieht hübsch aus und kann auch mehrmals verwendet werden. Palmblattgeschirr gibt es in Naturkostgeschäften oder beim Großhändler zu kaufen.

Spanholzschälchen

Kleinere Knabbereien können in ökologischem Einweggeschirr aus Spanholz angeboten werden, das in Naturkostgeschäften, beim Großhändler und in Haushaltswarengeschäften erhältlich ist.

Emaillegeschirr

Dieses hübsche, langlebige und robuste Geschirr kann bei Campingbedarfsanbietern, auf dem Flohmarkt oder in Outdoorfachgeschäften erworben werden.

Milchflaschen

Milchflaschen aus Glas sind ideal, um darin am Rand der Glut, nur mit der Strahlungswärme, kleine Mengen oder Saucen zu kochen. Die Flaschen dürfen nicht fest geschlossen werden. Vorsicht auch beim Umgang mit heißen Flaschen: Bei starken Temperaturunterschieden können sie zerspringen. Daher die Flaschen vor dem Kochen mit Aluminiumfolie einwickeln.

Anstelle von Milchflaschen können auch Flaschen aus ofenfestem Glas (Jenaer Glas) oder Einmachgläser verwendet werden.

Wildkräuter sammeln, trocknen, aufbewahren

Erfreuen Sie sich beim Sammeln an der Natur und den Pflanzen, die sie hervorbringt! Pflanzen sind Lebewesen, auch wenn sie noch so winzig sind. Sie schenken uns ihre Heilkraft und bereichern unseren Speiseplan mit ihren Farben, Vitaminen und anderen wertvollen Inhaltsstoffen. Daher verdienen sie unseren Respekt und unsere Wertschätzung.

Goldene Regeln zum Sammeln von Wildkräutern und Heilpflanzen

1. Pflücken Sie nur Pflanzen, die Sie hundertprozentig kennen, die nicht unter Naturschutz stehen und auch nicht gefährdet sind.
2. Sammeln Sie nicht an Stellen mit hoher Umweltbelastung, zum Beispiel an Straßen oder in pestizidbelasteten Gegenden.
3. Sammeln Sie am besten an Tagen, an denen die Sonne scheint und es nicht regnet.
4. Pflücken Sie nur saubere, gesunde Pflanzen.
5. Überlegen Sie vor der Ernte, was Sie mit den Pflanzen machen möchten und wie viel davon Sie tatsächlich benötigen. Es sollte mit Maß gesammelt werden, also so, dass man anschließend nicht sieht, wo gesammelt wurde.
6. Pflücken Sie nie zu viele Blätter oder andere Teile einer Pflanze, damit sie sich wieder erholen kann.
7. Sammeln Sie seltene Arten, Wurzeln und Samen nicht in großen Mengen, da Sie dadurch den Fortbestand der Pflanze gefährden.
8. Verarbeiten Sie die gesammelten Pflanzen frisch und lagern Sie sie nicht zu lange im Kühlschrank.
9. Sammeln Sie die Pflanzen in Körben, Papiertaschen oder Baumwollsäckchen. Plastiktüten können die Qualität der Pflanzen im Hinblick auf Geschmack, Aussehen und gesundheitliche Wirkung beeinträchtigen.
10. Schneiden Sie die Pflanzen mit einer Schere oder einem Messer ab. Wenn Sie sie aus der Erde herausziehen, können sich unter Umständen die Wurzeln der Pflanze lockern.
11. Verlesen Sie die Pflanzen nochmals sorgfältig, bevor Sie sie verarbeiten. Ob Sie sie waschen möchten, bleibt Ihnen überlassen – beim Waschen von Pflanzen können wertvolle Inhaltsstoffe verloren gehen.
12. Verwenden Sie niemals Giftpflanzen, auch nicht in kleinen Mengen, selbst wenn Sie in manchen Büchern Rezepte dazu finden.

Wann sammeln wir welche Pflanzenteile?

- *Blätter:* vor der Blüte
- *Blüten:* unmittelbar vor oder während der Blütezeit
- *Blüten mit ätherischen Ölen:* kurz nachdem sich die Knospen geöffnet haben oder vor der vollen Blüte, am besten in der ersten Hälfte des Tages
- *Früchte und Samen:* kurz vor der Vollreife
- *Wurzeln und Rhizome:* während der Ruhephase der Pflanze, also vom Spätherbst bis vor dem Austreiben; an trüben Tagen oder in der Dämmerung; Wurzeln von zweijährigen Pflanzen, zum Beispiel Wegwarte oder Nachtkerze, im Herbst des ersten Jahres oder im Frühling des zweiten Jahres. Immer ein Wurzelstück in der Erde zurücklassen, damit die Pflanze weiterwachsen kann.
- *Rinden* (z. B. von Weide): im Frühling von den jungen Trieben abschälen

Hinweis: Manche Wurzeln, zum Beispiel die der echten Schlüsselblume, sind geschützt und müssen in der Apotheke oder Drogerie gekauft werden.

Trocknen

Zum Trocken werden die sauberen, gesunden Pflanzen auf einem großen Baumwolltuch (altes Leintuch) ausgebreitet. Achten Sie darauf, dass sie nicht der direkten Sonneneinstrahlung ausgesetzt sind. Ideal ist es, das Pflanzengut auf einem mit einem Geschirrtuch ausgelegten Wäscheständer zu trocknen oder auf Gittern mit Frischluftzufuhr von oben und unten.

Bei größeren Pflanzenmengen (z. B. für die Herstellung von Teemischungen oder für den Wintervorrat) und hoher Luftfeuchtigkeit kann das Pflanzengut in einem Dörrgerät bei maximal 30 °C getrocknet werden.

Aufbewahren

Die getrockneten Pflanzen werden am besten an einem trockenen und kühlen Ort in Papiersäcken, Stofftaschen, Kartonschachteln oder Einmachgläsern aufbewahrt. Unbeschichtete Metalldosen eignen sich nicht zur Aufbewahrung, da bei gerbstoffhaltigen Pflanzen eine chemische Reaktion möglich ist.

Beschriften Sie die Tüten, Schachteln und Gefäße. Das Etikett sollte jeweils folgende Informationen enthalten: Pflanzenname (evtl. lateinischer Name), Sammelort, Datum, eventuell Verwendungszweck.

Die Pflanzenwirkstoffe werden mit der Zeit abgebaut. Nach ein bis zwei Jahren Lagerdauer eignen sich die Heilpflanzen noch zum Räuchern, als Füllung für Kräuterkissen oder als Badezusatz.

Lösung des Blumenrätsels von Seite 14

1	**S**	C	H	N	E	E	G	L	Ö	C	K	C	H	E	N	
2	V	E	I	L	**C**	H	E	N								
3	**H**	U	F	L	A	T	T	I	C	H						
4	B	Ä	R	**L**	A	U	C	H								
5	G	Ä	N	S	E	B	L	**Ü**	M	C	H	E	N			
6	S	C	H	A	R	B	O	C	K	**S**	K	R	A	U	T	
7	H	A	S	E	L	N	U	**S**	S	S	T	R	A	U	C	H
8	R	I	N	G	**E**	L	B	L	U	M	E					
9	**L**	Ö	W	E	N	Z	A	H	N							
10	A	R	O	N	S	T	A	**B**								
11	**L**	I	N	D	E	N	B	L	Ü	T	E	N				
12	L	**U**	N	G	E	N	K	R	A	U	T					
13	**M**	I	S	T	E	L										
14	H	E	R	B	S	T	Z	**E**	I	T	L	O	S	E		

Lösungswort: Schlüsselblume

Lösung des Löwenzahnrätsels von Seite 41

Eriitnmvm**buttergelbe**krjfhnghkv**fetten**porn
vbgh**strahlen**klrnfghjkzm**Spiegeln**oehncvfgh
Lenzlrzhnvbdghjklöpo**Blüten**klgnvbetwfvgh
Kugellichteräoiuetgdbgfhjcvlndg**zerblasen**kj
ewqacf**Sommerwindes**kpoqwbuhgfdcfgtrfghjk
iuztgh**Kraute**qawsedrftgzhuj**Löwenzahnsalate**

Erste Maßnahmen und Hilfe bei Vergiftungen

Der beste Schutz vor Pflanzenvergiftungen ist, giftige Pflanzen zu erkennen.

Was tun bei Vergiftungen?

- Trinken: Wasser, Tee oder verdünnten Saft, jedoch keine Milch (fördert die Resorption fettlöslicher Gifte)
- Kinder ausspucken lassen, aber kein Erbrechen auslösen (Aspirationsgefahr), auch kein Salzwasser zum Erbrechen verabreichen
- Aktivkohle oder ersatzweise Heilerde schnellstmöglich einnehmen
- Mit Wasser spülen, wenn Augen oder Haut mit Gift (Pflanzensaft) in Kontakt gekommen sind
- Bei schweren Symptomen wie Bewusstlosigkeit und Atemnot sofort den Rettungsdienst verständigen und Wiederbelebungsmaßnahmen durchführen

Notfall-Telefonnummern

Rettungsdienst Deutschland: 112
Giftnotruf München, Deutschland:
089/19240

Rettungsdienst Schweiz: 144
Schweizerisches Toxikologisches Informationszentrum: 145 (aus dem Ausland:
+41 44 251 51 51)

Rettungsdienst Österreich: 144
Vergiftungsinformationszentrale Österreich:
01/406 43 43

Gift-Informationszentrale

Befragen Sie eine Gift-Informationszentrale, wie Sie im Fall einer Vergiftung vorgehen sollen. Folgende Angaben sind für die Vergiftungszentrale wichtig:

- Alter, Gewicht des Betroffenen
- Name, Aussehen, Pflanzenteil der Giftpflanze
- Art der Frucht (Nuss, Beere usw.)
- Größe, Farbe, Beschaffenheit (weich, saftig, fest)
- Anordnung der Früchte (einzeln, zu zweit/mehrere, dicht gedrängt, gestielt)
- Aussehen der Pflanze
- Welche Pflanzenteile wurden gegessen? (Blätter, Wurzeln)
- Wo wuchs die Pflanze? (Wiese, Hecke, Wald, Garten, Park, Wegrand, Gewässer)
- Größe, Form und Anordnung der Blätter (rund, oval, gefiedert, spitz, stachelig, gestielt, Verlauf der Blattnerven)
- Genauer Einnahmezeitpunkt
- Wie viel wurde eingenommen?
- Was wurde bisher unternommen?
- Wie geht es dem Patienten, was sind die Symptome?
- Wie ist der Anrufer erreichbar? (Rückrufnummer)

Literatur- und Quellenverzeichnis

Alberts, Andreas / Mullen, Peter / Spohn, Margot: *Die Baum- und Strauchapotheke,* Kosmos Verlag, 2004

Bänziger, Erica: *Wildkräuter,* Fona Verlag, 2008

Becker, Klaus / John, Stefan: *Farbatlas Nutzpflanzen in Mitteleuropa,* Ulmer Verlag, 2000

Bergmann, Heide / Bühring, Ursel / Groß, Andrea: *Kleine grüne Wunder,* Herder Verlag, 1996

Beuchert, Marianne: *Symbolik der Pflanzen,* Insel Verlag, 2004

Biedermann, Edith / Frommherz, Andrea: *Kinderwerkstatt Bäume,* AT Verlag, 2003

Birmann-Dähne, Gerhild E.: *Bärlauch und Judenkirsche,* Karl F. Haug Verlag, 1996

Bocksch, Manfred: *Das praktische Buch der Heilpflanzen,* BLV Verlag, 2003

Bühring, Ursel / Ell-Beiser, Helga / Girsch, Michaela: *Heilpflanzen für die Kinderheilkunde,* Sonntag Verlag, 2008

Bühring, Ursel: *Aus Freya's Zaubergarten,* Edition Achillea (o. J.)

Bühring, Ursel: *Praxis-Lehrbuch der modernen Heilpflanzenkunde,* Sonntag Verlag, 2005

Daunderer, Max / Kormann, Kurt / Roth, Lutz: *Giftpflanzen-Pflanzengifte,* Nikol Verlag, 2006

Dee, Regine / Hatt, Hanns: *Das Maiglöckchen-Phänomen,* Piper Verlag, 2008

Dinand, U.: *Taschenbuch der Heilpflanzen,* J. F. Schreiber Verlag, 1913

Fischer-Rizzi, Susanne: *Blätter von Bäumen,* AT Verlag, 2005

Fischer-Rizzi, Susanne: *Medizin der Erde,* AT Verlag, 2005

Fleischhauer, Steffen Guido / Guthmann, Jürgen / Spiegelberger, Roland: *Essbare Wildpflanzen,* AT Verlag, 2007

Fleischhauer, Steffen Guido: *Enzyklopädie der essbaren Wildpflanzen,* AT Verlag 2003

Fleischhauer, Steffen Guido: *Kleine Enzyklopädie der essbaren Wildpflanzen,* AT Verlag, 2010

Frank, Ingrid K.: *Besinnlich und heiter. Bewährte Mittel und Kräuter,* Veritas Verlag, 1980

Frank, I. K.: *Bewährte Mittel und Kräuter,* Veritas Verlag, 1980

Grey-Wilson, Christopher: *Wildpflanzen,* Dorling Kindersley, 2006

Grünberger, Felix / Hirsch, Siegrid: *Die Kräuter in meinem Garten,* Freya, 2012

Guggenmos, Josef: Gedicht »Die Tulpe« aus: *Und mittendrin der freche Hans.* Gedichte für Grundschulkinder, hrsg. v. G. Sennlaub, Cornelsen Verlag, 1986

Hecker, Ulrich: *Bäume und Sträucher,* BLV Verlag, 2003

Helm, Eve Marie: *Feld- Wald- Wiesenkochbuch,* Heyne Verlag, 2005

Henschel, Detlev: *Essbare Wildbeeren und Wildpflanzen,* Kosmos Verlag, 2002

Hochstrasser, Fredy: Gedicht aus: *Kräutersegen auf allen Wegen* von Bruno Vonarburg, Christiana Verlag, 1979

Kalbermatten, Roger: *Signaturenlehre,* AT Verlag, 2005

Klein, Stefanie: *Bärlauch,* Fona Verlag, 2004

Künzle, Johann: *Das grosse Kräuterheilbuch,* Albatros im Patmos Verlag, 2006

Laudert, Doris: *Mythos Baum,* BLV Verlag, 2004

Madejsky, Margret: *Alchemilla,* Goldmann Verlag, 2000

Marzell, Heinrich: *Geschichte und Volkskunde der deutschen Heilpflanzen,* Reichel Verlag, 1996 (erweiterter Nachdruck der Auflage von 1938)

Mayer, Elisabeth: *Wildfrüchte, -gemüse, -kräuter,* Leopold Stocker Verlag, 2001

Pahlow, Mannfried: *Das große Buch der Heilpflanzen,* Bechtermünz Verlag, 2001

Pfyl, Paul / Knieriemen, Heinz: *Vogelbeere, Schlehe, Hagebutte,* AT Verlag, 1998

Rawer-Jost, Claudia / Zehnder, Ingrid: *Kleine Outdoor-Apotheke,* A. Vogel Verlag, 2010

Rieder, Beate / Wollner, Fred: *Duftführer* (Eigenverlag)

Rieple, Max: *Kleine Kräuterapotheke. Kräuter nach alten Rezepten in Versen zusammengetragen,* Hyperion Verlag, 1962

Scherf, Gertrud: *Wildfrüchte und Wildkräuter,* BLV Verlag, 2004

Scherf, Gertrud: *Zauberpflanzen – Hexenkräuter,* BLV Verlag, 2003

Sigrist, Alfred: *Appenzeller Kräuterapotheke,* Appenzeller Verlag, 1997

Storl, Wolf Dieter: *Heilkräuter und Zauberpflanzen,* AT Verlag, 2000

Strassmann, René A.: *Baumheilkunde,* AT Verlag, 2003

Vonarburg, Bruno: *Das Kräuterjahr,* Band 2, Silva Verlag, 1985

Vonarburg, Bruno: *Kräutersegen auf allen Wegen,* Christiana Verlag, 1981

Vonarburg, Bruno: *Natürlich gesund mit Heilpflanzen,* AT Verlag, 2001

Winter, Astrid: *Geheimnisvolle Holunderkraft,* Windpferd Verlag, 1998

Zerling, Clemens: *Lexikon der Pflanzensymbolik,* AT Verlag, 2007

Rezeptverzeichnis

Die mit (V) gekennzeichneten Rezepte eignen sich für den Vorrat.

Apfelpfannkuchen mit Puderzucker 71
Apfelsaftcreme mit Löwenzahnblüten 42
Badesalzvariationen (V) 169
Bärlauchbutter (V) 171
Bärlauch-Eier-Aufstrich 24
Bärlauchessig (V) 174
Bärlauch-Karotten-Risotto 23
Bärlauchknöpfli 22
Bärlauchöl (V) 25
Bärlauchomelette 25
Bärlauchpaste (V) 25
Bärlauchpesto (V) 25
Bärlauchquark 24
Bärlauchröllchen mit Frischkäsefüllung 21
Birchermüesli mit Gänseblümchen 72
Birnen, gefüllt 141
Blütenbrötchen 73
Blüten-Crunchys (V) 168
Blütenhonig (V) 178
Blütenquark, süßer 51
Blütentomaten 120
Blütenzauberpralinen 119
Blütenzucker, aromatisiert (V) 124
Bratäpfel mit Fichtenspitzenrahm 154
Bratkartoffeln mit Brennnesselspitzen und Rührei 62
Breitwegerichröllchen, gefüllt, mit buntem Reis 82
Brennnesselburger mit Kräuterquark 60
Brennnesselchips 64
Brennnessel-Fleischspieße 61
Brennnesselseife (V) 66
Brennnesseltapenade (V) 66
Brötchen der Muttergöttin 105
Brotgewürz (V) 168
Buttervariationen (V) 171
Camembert, gefüllt 74
Chicorée-Apfel-Salat mit Giersch 33
Crêpe-Varationen pikant und süß 122
Dreikönigskuchen 130
Eingelegte Bärlauchsamen (V) 176
Eingelegte Wald- und Wiesenknospen (V) 176
Erdbeeren mit Gänseblümchen und Holunderblütensirup 70
Erdkammerhonig mit Spitzwegerich (V) 177
Erkältungsbad (V) 158
Erkältungsbadesalz (V) 170
Essigvariationen (V) 174
Fenchel-Orangen-Salat mit Löwenzahn 43
Feuerschnecken mit Brennnessel-Bärlauchpesto 65
Fichtenharzbalsam (V) 157
Fichtenlolli (V) 156
Fichtenspitzenhonig (V) 179
Fichtenspitzensirup (V) 180
Frischkäsestrudel mit Spitzwegerichblättern, frittiert 83
Früchtepunsch 91
Fruchtsalat, winterlicher, mit Fichtenspitzenhonig 154
Frühlingslöwenzahn-Bulgur mit versteckten Eiern 44
Frühlingssuppe mit Spitzwegerich 81
Fußbad (V) 169
Gänseblümchenessig (V) 175
Gebrannte Haselnüsse (V) 147
Geburtstagssalat 47
Gedächtnisöl (V) 75
Gierschpaste (V) 36
Glitzersterne-Badesalz (V) 170
Gründonnerstagssuppe 30
Gugelhupf mit Haselnüssen 144
Gurken-Radieschen-Salat mit Giersch 31
Gurkenschlange 120
Gurkentaler 73
Hagebuttenaufguss 99
Hagebuttenbutter (V) 173
Hagebuttendessert, schnelles 96
Hagebutten-Energieriegel 98
Hagebuttenessig (V) 175
Hagebuttenhonig (V) 178
Hagebuttenmark 97
Hagebuttensenf (V) 98
Hagebuttensuppe 97
Hagebutten-Zauberapfel 96
Haselblätter aus Schokolade 145
Haselnuss-Brotaufstrich (V) 173
Haselnussknöpfligratin mit Apfelmus 142
Haselnusspesto (V) 146
Holunderapfelmus 104
Holunderbeerensaft (V) 108
Holunderbeerentraum, Frau Holles 107
Holunderblütenbowle 108
Holunderblütenessig (V) 175
Holunderblütengelee (V) 109
Holunderblüten-Karamellen 109
Holunderblütenmilch 108
Holunderblütensirup (V) 180
Holunderomelette 106
Holunderpunsch 105
Honigvariationen (V) 177
Huflattichblütenaufstrich (V) 173
Huflattichblütenbadesalz (V) 169
Hustenhonig mit Fichtenspitzen (V) 178
Karotten-Fichten-Butter (V) 171

Karottengewürzbrötchen 167
Karottensuppe mit Huflattichblüten 164
Kartoffelsalat, bunter, mit Giersch 32
Kartoffeltaler mit Huflattichblüten und Hüttenkäse 165
Kichererbsen-Giersch-Aufstrich (V) 36
Kräutermost 74
Kräutersalz (V) 36
Krautsalat, griechischer, mit Brennnesseln 59
Küchlein, Sommersonnenwende- 52
Kürbis-Orangen-Wintersuppe mit Fichtenspitzenhonig 153
Kürbistaler mit Haselnussquark 139
Lavendelbadesalz, beruhigendes (V) 170
Löwen-Bären-Fleischkugeln 46
Löwenhappen 45
Löwenzahnblütenhonig (V) 179
Löwenzahnbutter (V) 171
Löwenzahnquark, pikanter 47
Löwenzahnsirup (V) 181
Mangolassi mit Ringelblumenblüten 116
Marmorkuchen, Spitzwegerich- 84
Minestrone mit Spitzwegerichblättern 80
Neunkräutersuppe 30
Nudeln mit Erbsen und Giersch 29
Nussgewürz (V) 147
Orangensirup mit Huflattichblüten (V) 180
Osterbrot 12
Penne mit Champignons und Huflattichblüten 166
Polenta, Rotkäppchens 141
Popcorn mit Ringelblumen-Blütenzucker (V) 125
Powerballs (V) 146
Ratatouille, Blumige Flaschenpost- 117
Räuchermischung (V) 158
Raumspray (V) 156
Ringelblumenbutter, salzig (V) 171
Ringelblumenbutter, süß (V) 173
Ringelblumen-Lippenbalsam (V) 124
Ringelblumentaler (V) 124
Rosenbadesalz (V) 170
Rotkäppchens Minispieße 20
Schokoladenstockbrot 143
Sirupvariationen (V) 180
Sommersonnenwende-Tee 54
Sommerteemischung (V) 125
Spaghetti mit Haselnuss-Gemüse-Sauce 140
Spaghetti, Zitronen-, mit Ringelblumenblüten und Karotten 118
Speck-Spitzwegerich-Brötchen, würzige 81
Spiegeleierbrot mit Brennnesselblättern 61
Spitzwegerich-Bronchialbalsam (V) 86
Spitzwegerich-Gundermann-Sirup, spritziger (V) 181
Spitzwegerich-Heilöl (V) 86
Stangensellerie, mit Frischkäse gefüllt 31
Steckrübengemüse 91
Tannenschösslingshonig (V) 179
Tee 54, 125
Tomatenrisotto mit Frühlingsblüten 167
Tomatensuppe mit Giersch im Glas (V) 35
Ungeheuer-Sandwich 21
Weihnachtsbadesalz (V) 170
Wintermassageöl (V) 156
Wintersuppe 131
Zartweizengemüse mit Giersch 34
Zitronen-Joghurtcreme 70
Zucchinikuchen 53

Dank

Ein herzliches Dankeschön an:

Laetizia Giannini-Studer, die viele Fotos für dieses Buch realisiert und mich mit den Kindern der Waldkinderkrippe WaKiKri (Schaffhausen/Siblingen, Schweiz) bei den Kochtagen begleitet hat

Alle mitwirkenden Kindern der WaKiKri-Waldkinderkrippe

Das WaKiKri-Team Margit Kupferer, Hanna Stoll-Rüger, Salome Mossdorf mit Bema-Jenna, Sunne, Godwin und Ona, Mairé Kaufmann mit Jeamie und Liam, Silvana mit Michi, Julia Zehnder, Asra Karabasic und Nilay Dogan, Christa Hauser-Stadelmann

Die Kindergärtnerin von Hemishofen, Frau Claudia Mian, die mich immer wieder bei einzelnen Kochtagen und Fotoshootings mit ihren Kindergartenkindern begleitet hat. Von ihr stammen auch einzelne Fotos in diesem Buch.

Alle Kindergarten- und Schulkinder aus Hemishofen, die mit Begeisterung bei den Umsetzungstagen dabei waren.

Außerdem danke ich für ihre Unterstützung:

Ursula Preuss für das Foto auf Seite 186

Meiner Freundin Monique Meier für mehrmaliges Korrekturlesen

Meiner Tochter Anna fürs Durchlesen des Manuskripts

Dem AT Verlag, insbesondere dem Verlagsleiter Urs Hunziker und Monika Schmidhofer

Meinem Mann und meinen Töchtern Anna, Mara und Andrea für ihre Unterstützung während der zweijährigen Buchprojektarbeit

Bildnachweis

Violette Tanner: Seite 7 links, 10, 16, 17, 20, 21, 23, 26, 27, 28, 29, 30, 33, 34, 35, 37, 38, 41, 42, 43, 44, 46, 47, 49, 51, 52, 53, 54, 55, 56, 59, 60, 61 links, 62, 63, 64 oben, 64 rechts, 65, 66 links, 67, 70, 71, 72, 73, 74, 75, 76, 79, 82, 83, 84, 85 rechts, 90, 91, 92, 100, 101, 107, 109, 110, 111, 112, 114, 116, 118, 119, 122, 123, 125, 127 unten links, 130, 132, 136, 137 oben, 137 Mitte, 139, 140, 141, 146 rechts, 147 links, 147 Mitte, 148 links, 152 oben rechts, 152 Mitte rechts, 156, 157 unten links, 159, 162, 165, 167, 168, 169, 170, 172 oben links, 172 Mitte links, 172 Mitte rechts, 172 unten rechts, 174, 176, 178 links, 179 links, 180, 181, 182 Mitte rechts, 185, 186 Mitte, 187 links, 187 Mitte, 187 rechts, 188, 189 rechts,

Laetizia Giannini-Studer: Seite 6, 7 rechts, 9, 11, 12, 13 oben, 13 Mitte, 15, 18, 19, 24, 31, 32, 39, 45, 58, 61 rechts, 64 links, 77, 80, 81, 87, 89, 93, 94, 95, 96, 97, 98, 99, 102, 103, 104, 105, 106, 113, 117, 120, 121, 127 oben, 127 unten rechts, 129, 137 unten, 142, 144, 145, 146 links, 148 rechts, 149, 150, 151, 152 Mitte links, 153, 154, 155, 160, 166, 172 rechts oben, 172 links unten, 175, 177, 178 rechts, 179 rechts, 182, 186 Mitte, 186 rechts, 187 Mitte, 189 links,

Claudia Mian: Seite 13 unten, 23 Mitte links, 66 rechts, 68, 69, 84 Mitte links, 84 unten links, 85 links, 115, 131, 143, 147 rechts, 157 rechts, 157 Mitte links, 164

Anna Tanner: 50

Beatrice Taubert: 134, 135

Ursula Preuss: 186 links

Walter Stockmayer: 152 links oben

Die Autorin

Violette Tanner geboren 1965, Ausgebildete Heilpflanzenfachfrau, Naturpädagogin, Autorin und dreifache Mutter. Sie beschäftigt sich seit bald 20 Jahren intensiv mit den heimischen Heilpflanzen in der Volksmedizin und Wildkräutern in der Küche. An Kursen, Kräuterspaziergängen, Naturpädagogikseminaren, Vorträgen, in Zeitungskolumnen und Radiosendungen gibt sie ihr Wissen über die heimischen Kräuterschätze weiter.

Laetizia Giannini-Studer geboren 1963. Mutter von drei Töchtern und Großmutter von vier Enkelinnen. Nach der Ausbildung zur Sozialpädagogin Arbeit mit Jugendlichen im heilpädagogischen und sozialtherapeutischen Bereich. Gründung und Leitung einer Kinderkrippe. Ausbildung in Naturpädagogik. Gründerin und Leiterin des Natur- und Bildungszentrums »Waldläufer« in Schaffhausen.

www.waldläufer.net

Hinweis
Dieses Buch wurde mit größtmöglicher Sorgfalt erarbeitet, sämtliche Rezepte wurden nachgekocht und ausprobiert. Die Autorin und der Verlag lehnen jede Haftung für die aus der Volksheilkunde stammenden Heilpflanzenrezepte sowie für allfällige Schäden und Folgen, die sich aus dem Genuss der Pflanzen ergeben könnten, ab. Bei ernsthaften gesundheitlichen Problemen ist von einer Selbstmedikation abzusehen. Wenden Sie sich in diesem Fall an einen Arzt oder einen ausgebildeten Heilpraktiker.

5. Auflage, 2025

AT Verlag AG, Aarau und München
Lektorat: der springende punkt, Berlin
Gestaltung und Satz: AT Verlag, Aarau
Bildaufbereitung: Vogt-Schild Druck, Derendingen
Druck und Bindearbeiten: Firmengruppe Appl,
aprinta druck, Wemding
Printed in Germany

ISBN 978-3-03800-569-8

Für Herstellung und Einfuhr in die EU: AT Verlag AG, Bahnhofstraße 41, 5000 Aarau, Schweiz, info@at-verlag.ch; AT Verlag Deutschland, c/o Atmosphären Verlag GmbH, Fruchthof, Gotzinger Straße 52b, 81371 München, Deutschland, info@atverlag.de

www.at-verlag.ch

Der AT Verlag wird vom Bundesamt für Kultur für die Jahre 2021–2025 unterstützt.